LE JOURNAL DE CHRISTELLE

PAR SOPHIE DENEUVILLE

TABLE DES MATIERES

QUI SUIS-JE ?..3

MON ENVIRONNEMENT FAMILIAL.......13

CHERIF 35

SEBASTIEN...51

COLINE...55

FRANCOIS..59

PIERRE..65

CLAUDE 73

POURQUOI ? 83

ELEMENTS DE REPONSE........................93

ET MAINTENANT ? 101

QUI SUIS-JE ?

Je m'appelle Christelle. J'ai 32 ans, je suis toujours positive et souriante mais voici ce qui me déterminait jusqu'à aujourd'hui :

Je suis hypochondriaque :
Lorsqu'une personne éternue ou tousse c'est plus fort que moi, je dois vérifier qu'elle a bien mis sa main devant sa bouche, ou utilisé un mouchoir, et qu'elle s'est bien lavée les mains. Dans le cas contraire, je vais instinctivement prendre mes distances. Il m'arrive même dans ces moments-là de retenir ma respiration pour respirer un air sain sans particules malades un peu plus loin.
Je maudis la personne qui me pousse à réagir ainsi, mais ne dis jamais rien.
J'ai conscience que c'est exagéré de ma part.

J'ai peur d'être malade :
Lorsqu'une personne est malade et me décrit ses symptômes, je les ai dans la foulée. J'ai conscience de cette situation mais je ne suis pas capable de la réfréner. La peur est plus forte et mon inconscient est très puissant pour simuler les symptômes.
Le pire étant les gastroentérites. Si j'apprends qu'une personne à la gastro j'ai immédiatement mal au cœur. Même sans avoir été en contact avec elle.
Quand la gastro me sort de la tête, le malaise aussi.
J'ai systématiquement sur moi un anti-vomitif et un anti-diarrhéique en période de gastro. Cela me rassure.

J'ai peur des « bactéries » inconnues :

Lorsque je prends les transports en commun, une fois rentrée chez moi je ne peux pas garder mes vêtements sur moi. Je dois prendre une douche immédiatement et mettre à laver ma tenue.
Je me souviens par exemple que lorsque j'étais au lycée (je m'y rendais en train) j'avais beaucoup de mal à ne pas me laver les cheveux tous les jours.

Il en est de même pour les « visiteurs ». Par exemple, ma mère, qui est infirmière, a interdiction de s'asseoir sur mon lit après son travail.
Elle a beau m'expliquer ne pas porter les mêmes vêtements à la maison qu'au travail, je suis incapable de la laisser s'asseoir sur mon lit. C'est maladif.
Mes réactions, si elle a le malheur de s'asseoir sont surréalistes : je hurle !
Ma mère ne comprend pas, d'autant que mon chat est toujours le bienvenu sur mon lit.
En effet, je n'ai pas peur des bactéries associées aux animaux. Mon chat pourrait uriner sur mon lit que cela ne me dérangerait pas.

Je collectionne les gastrites :

Si la gastrite devait changer de nom elle pourrait prendre le mien. Je suis une gastrite.
Je suis une grande stressée, je sursaute facilement (j'ai déjà eu peur de mon propre reflet dans un miroir…), la gastrite fait donc partie de ma vie depuis toujours.

Les cystites font également partie de mon quotidien :
Aussi loin que je m'en souvienne les infections urinaires ont toujours été présentes dans ma vie. On me rabâche régulièrement de boire de l'eau.
Je bois, surtout en dehors des repas, mais cela ne m'empêche pas de subir des infections urinaires à répétition.

Je suis une ancienne grosse migraineuse :
Je n'ai pas toujours été migraineuse. Mes plus grosses crises remontent autour de mes 20 ans. Mes migraines ne sont pas de simples maux de tête. C'est un calvaire. Je peux avoir une migraine accompagnée (affectant ma vue) et qui aboutit à une paralysie de la moitié de mon corps. Certaines crises ont occasionné des séquelles à court terme.
Par exemple, j'ai déjà eu des pertes de reflexe une semaine après une crise. Seul une IRM avait permis d'écarter une cause plus profonde.
Les migraines me complexent car peu de personnes comprennent réellement le handicap que représente une migraine.

Je suis économe :
J'ai du mal à dépenser de l'argent : Lorsque je dois dépenser de l'argent, très vite, un sentiment de malaise me gagne. Je ne sais pas l'expliquer, dépenser de l'argent me rend comme vulnérable. J'en ai conscience et j'arrive à maitriser ce sentiment en me focalisant sur le plaisir que j'ai à offrir aux autres. Mais une vraie guerre intérieure se joue en moi dans ces moments.

Je suis maniaque :
Je ne supporte pas le désordre. Le problème étant qu'un rien est un désordre pour moi. Je vérifie régulièrement que mes placards soient bien rangés (armoire à pharmacie, tiroir à couverts, boîte de conserve, réfrigérateur…) ou que les vêtements soient bien pliés. Par exemple, les cintres de la penderie sont espacés de la même distance, la télécommande est bien posée parallèle à la table, et s'il y a des feuilles sur la tables, elles doivent également être parallèles…
Chez moi, chaque chose est à sa place.

J'ai le souvenir, qu'enfant, Aurore aimait bien me taquiner à ce sujet :
Nous disposions d'un grand placard dans le couloir commun à mon frère, ma sœur et moi. Nous y rangions nos vêtements. Le soir, ma sœur (que j'avais dû embêter dans la journée) attendait que je sois sur le point de me coucher pour ouvrir le placard et dire à voix haute devant mon étage de pantalons (tous pliés impeccablement, bien parallèles entre eux, et surtout bien agencés par couleur) « tiens qu'ils sont bien rangés ces pantalons ! ». Elle intercalait ensuite sa main dans une pile et faisait un petit mouvement vers le haut pour légèrement perturber mon rangement.
Je me rappelle faire semblant de ne pas l'entendre pour ne pas perdre la face devant elle. Cependant, j'étais incapable de m'endormir : je devais remettre la pile de pantalon parfaitement droite. C'était vital !
Je me relevais donc pour remettre en ordre mes affaires et me retrouvais devant ma sœur qui s'amusait de cette situation.
Nous finissions toujours par en rire.

Le ménage aussi doit être impeccable. S'il y a de la poussière sur un meuble, je refais tous les meubles.
Je nettoie régulièrement les poignées de portes, les interrupteurs...
J'adorerai passer l'aspirateur sur l'aspirateur.
Si je change les draps, je change automatiquement les pyjamas et je me couche dans le lit après avoir pris une douche et m'être lavé les cheveux. C'est très important !
Le sentiment du devoir accompli après avoir effectué le ménage est un vrai bonheur pour moi.

Je suis dyslexique :
Dès l'âge de 5 ans, je passe par la case orthophoniste. Initialement, j'y allais pour un retard de la parole et un trouble du langage.
J'ai eu de la chance d'être diagnostiquée et prise en charge très vite. Je commence donc très rapidement les séances d'orthophonie.
Je déteste ma dyslexie. Je considère cela comme une tare. C'est un vrai complexe pour moi, je passe ma vie à me battre contre cette « maladie ». Mais elle fait partie intégrante de moi.

J'ai beaucoup de difficulté à expliquer ce qu'est la dyslexie. C'est assez ironique d'ailleurs, car, à cause de ma dyslexie, je suis incapable de raconter des histoires de manière concise et claire. Je pars toujours dans des détails sans importance, je perds le fil, cherche mes mots et quand je les trouve, ce sont souvent les mauvais !

Pour résumer je confonds ma gauche de ma droite, j'inverse les lettres, les chiffres, les syllabes, les mots, je ne sais pas différencier les B des P, les ET des AI, je ne sais pas me repérer dans l'espace, je ne distingue pas bien certains sons… et c'est un résumé.

J'ai beaucoup de chance d'avoir eu une orthophoniste géniale. Catherine était calme, douce et ne me grondait jamais. Il y avait souvent son chien avec elle dans son bureau.
Je n'aime pas les chiens, mais lui ça allait. Il se laissait caresser. Quand je commençais à m'énerver contre moi même parce que l'exercice était trop compliqué, il mettait sa tête contre mes pieds.
Le climat était apaisant chez elle.
Grâce aux séances d'orthophonie j'ai eu une scolarité assez normale… Malgré le redoublement de mon CE2.
J'ai eu des séances jusqu'au collège. A la fin de ma rééducation, Catherine m'avait demandé de lui donner régulièrement de mes nouvelles.
Ainsi, à chaque diplôme je l'appelais. (Le brevet, le bac, le DUT, la licence…), elle disait me prendre en exemple auprès des parents de dyslexiques pour les rassurer. En effet, en théorie, les gros dyslexiques n'arrivent pas jusqu'au brevet… J'étais fière !
A l'âge de 21 ans, j'ai dû y retourner. J'avais des séances une à deux fois par semaines. Etant adulte, j'étais en autonomie. Cela a duré 6 mois avant que je ne redevienne opérationnelle.
A 30 ans, j'ai eu besoin de refaire des séances, Catherine étant retraitée entre temps, j'ai été suivie par une autre orthophoniste pendant 3 mois.

Je m'amuse à dire que Catherine a fait toute sa carrière avec moi ! Elle m'a suivie depuis la maternelle jusqu'à sa retraite.

Je suis une marmotte :
Mon sommeil est très important. Je maudis quiconque a le malheur de me réveiller.
Le weekend en moyenne je dors 12, voire 14h d'une seule traite.
En semaine, mieux vaut éviter de me parler avant mon café.

Je manque de confiance en moi :
Honnêtement je ne m'en rends pas compte. Ce sont les autres qui me le disent.
Je suis persuadée d'avoir eu mes diplômes par chance et d'être au fond de moi une ratée ! Je le vis bien : c'est moi.
Physiquement je me trouve vraiment moche. Je ne me regarde pas dans un miroir lorsque je suis nue, je me dégoûte.
Si un homme me drague : je suis persuadée qu'il se moque de moi !

J'ai été anorexique :
Cela a commencé vers l'âge de 20 ans. Ce n'était pas volontaire de ma part. Je n'admettais pas que je faisais de l'anorexie, je ne m'en préoccupais pas.
Mon corps réagissait à ma place. Je ne suis pas bien en chair de base. Je pèse 47 kg toute mouillée… Au début j'avais faim, mais mon corps refusait de s'alimenter, les aliments restaient dans ma bouche et ils me dégoûtaient, j'étais incapable de les mâcher ou de les avaler.

Progressivement la sensation de faim a disparu. J'oubliais de manger.
Mon médecin traitant n'a pas mesuré l'ampleur de la situation. Il sortait un disque de calcul de l'IMC, m'annonçait que j'étais anorexique et que ce n'était pas bien de vouloir ressembler aux mannequins dans les magazines.

J'exagère :
Lorsque je témoigne d'une situation lambda j'ai tendance à amplifier les détails. Je le sais, et je préviens toujours que je suis un peu marseillaise.
Par exemple, si je raconte avoir eu une araignée sur mon pied je vais volontairement dire qu'elle était énorme et qu'elle a failli m'arracher la jambe ! (je suis arachnophobe).

Ma passion :
L'équitation. Je monte à cheval depuis l'âge de 5 ans. J'ai un niveau classique. Monter à cheval est très important pour moi : Le seul moment où j'ai confiance en moi est à cheval.
Je ne rate jamais une séance d'équitation. Le contact avec les chevaux m'apporte un sentiment de plénitude. Je m'y sens bien !
Je ne participe à aucun concours : je déteste que l'on me regarde monter à cheval. Je ne sais pas pourquoi. Même les exercices : je les réalise mieux dans le dos de ma monitrice. Je ne monte pas à cheval pour me perfectionner, mais pour me détendre. C'est mon truc à moi.

Je suis aquariophile :
J'adore le calme d'un aquarium : je pourrais observer des poissons pendant des heures.
J'aime dire que j'adore les poissons car eux et moi avons la même mémoire.

Je suis pleine de vie :
Je ne supporte pas les personnes négatives ! J'aime ma vie et je trouve important de rire de tout et de rien. J'ai besoin d'apporter mon grain de folie à certaines situations.
Mon sourire c'est le mien.

MON ENVIRONNEMENT FAMILIAL

Nous sommes 3 enfants. Je suis la petite dernière : j'ai un grand frère et une grande sœur. Ma sœur et moi avons 3 ans d'écart, j'en ai 5 avec mon frère.
Aurore et Nicolas sont tout pour moi.
Pour parafer ma sœur « le plus beau cadeau que m'aient fait mes parents, sont mon frère et ma sœur ».
Je n'aurai jamais survécu en étant fille unique.

J'ai une relation que je qualifierais de fusionnelle avec Aurore. Nous sommes pareilles. Petites nous nous ressemblions physiquement. Au point que ma mère nous confondait, surtout au moment de nous disputer, elle perdait donc toute crédibilité… et les sales gosses que nous étions en profitaient pour nous moquer, gentiment, d'elle.

Aurore, a davantage de caractère que moi. Elle dit ce qu'elle pense, sans se soucier des conséquences. Elle a toujours été juste.
Nous pourrions dire qu'enfant Aurore était plus rebelle que moi. En réalité, elle exprimait ses sentiments d'injustice, là où moi, je n'osais rien dire. Ma sœur réagissait pour trois.

Je me souviens d'un dîner où Aurore, sur un sujet qui m'échappe, avait tenu tête à mon père. Il avait clos la discussion en tapant du poing sur la table et en hurlant « je ne vais pas me laisser faire par une gonzesse ! ».

Avec le recul, j'admire le courage dont faisait preuve Aurore. Sur le coup j'aurai aimé me faire toute petite et éviter de contrarier le plus possible mon père. Surtout à l'heure du dîner. Car le dîner chez nous, c'était quelque chose.

A la maison le repas c'était à 19h00 précises, nous ne devions pas parler sans y avoir été invités, les deux mains devaient être sur la table (surtout pas les coudes !) fermées comme des poings si pas de couvert, et nous ne devions pas faire de bruit. L'explication était simple : papa a eu une dure journée de travail. Il a besoin de paix et de calme.

Lorsque mon père nous posait des questions, nous ne pouvions pas parler la bouche pleine mais, en parallèle, il fallait que nous répondions vite, car la patience de mon père avait ses limites. Ce n'était pas volontaire de sa part, mais cela me contrariait beaucoup : je suis bavarde, j'ai toujours plein de choses à raconter, j'ai toujours envie de raconter ma journée, mais savoir que je devais le faire de manière claire, concise et rapide m'était impossible.
Je voulais dire les choses, seulement elles ne sortaient pas assez rapidement, les mots n'étaient pas les bons, il y avait trop de détails, et, plus je cherchais mes mots, plus mon père s'impatientait…souvent lorsque j'avais fini j'avais le droit à un « je n'ai rien compris ! ». Cela me faisait énormément de peine, mais je faisais semblant de rien, et j'en rigolais.
Aurore et Nico étaient bon public : on riait souvent, mais pas trop fort, sinon nous avions le droit à des remontrances.
La préférée de mon père : « vous êtes des gosses de riches ! ».

Un jour, je me suis « énervée ». Je me souviens avoir signalé à mon père que cela ne servait à rien de m'interroger sur ma journée s'il ne me laissait pas le temps de la raconter ! C'est ma frustration qui avait parlé : je voulais expliquer quelque chose d'important à mon sens mais mon père, ne comprenant pas ce que je voulais dire, m'avait coupé sèchement en me demandant d'aller à l'essentiel. J'ai très vite regretté… Mon père m'a répondu par cette question : « cela ne te dérange pas de me parler sur ce ton ? »

La réponse à cette question peut paraître facile à quiconque veut empêcher une situation de s'envenimer. Mais pas pour une dyslexique… les questions négatives sont un vrai casse-tête. Tandis que je me dépêchais de chercher la bonne réponse (oui cela ne me dérange pas ? ou non cela ne me dérange pas ?) mon père voulait une réponse.
Son impatience s'exprima par une autre de ces grandes phrases « tu réponds lorsque l'on te pose une question ! ». Moment de panique : je réponds vite « non ! ».
Mon père s'est mis en colère (mauvaise réponse !) il m'a crié de monter dans ma chambre. Je me suis exécutée sans broncher.

Mon frère est le génie de la famille. Il est tête en l'air. J'ai toujours pensé que si Nicolas était tête en l'air c'était justement parce qu'il passait son temps à cogiter.
Notre père détestait ça.
J'ai souvenir (encore à table), que papa criait sur Nicolas en lui disant cette phrase « bien sûr toi, ça te passe toujours au-dessus de la tête ! » je ne supportais pas la manière dont mon père

s'adressait à Nicolas. Il disait cette phrase tout en levant sa main au-dessus de sa tête. Comme pour ajouter du spectacle à la remontrance.
Nicolas n'est pas égoïste, jamais il n'oubliait les choses de manière volontaire, mais mon père ne le comprenait pas.
Il chargeait Nicolas, comme un punching-ball.
Nicolas ne pouvait rien dire, nous ne pouvions rien dire, face à mon père. Il se taisait, baissait les yeux, et serrait fort sa mâchoire… Une veine de son front palpitait dans ces moments-là. Elle témoignait de la force que mettait Nicolas à prendre sur lui pour ne pas répondre.

Je ne suis pas capable de me souvenir en détail des sujets qui mettaient mon père en colère, car, tous étaient prétextes à nous en mettre plein la tronche : Mon père, stressé par ses journées de travail, était sur les nerfs en permanence. Ses enfants étaient les parfaits défouloirs ; ils ne risquaient pas de répondre.

Ma sœur répondait, c'était la seule.

Des fois, il nous arrivait d'en avoir ras le bol et de nous défendre mutuellement. C'était pour mon père un exercice difficile : il était poussé dans ses retranchements face à plusieurs personnes, et des enfants !
Sa réaction était donc à la hauteur du personnage : il montait sur ces grands chevaux et tout en claquant des portes, menaçait, en hurlant plus fort que quiconque « J'en ai marre, marre, marre, de toute façon personne ne m'aime, je vais me foutre en l'air !! »
Cette phrase était un grand classique du dimanche.

Il menaçait régulièrement de se suicider.

Nous ne faisions pas grand-chose de nos weekends. Nos parents étant fatigués par leur semaine de travail, les weekends c'était souvent repos.

Après les repas, nous passions nos après-midis dans nos chambres, surtout sans faire de bruit pour ne pas les déranger.
Mon passe-temps favori était le rangement : Aurore et Nicolas avaient des devoirs. J'étais encore trop petite pour être surchargée de boulot ! J'adorais ranger ma chambre. Surtout que je savais pertinemment que mon père appréciait les chambres rangées. J'étais donc toujours très fière de montrer ma chambre et de voir dans ses yeux la satisfaction.

Il m'arrivait aussi de faire les punitions de ma sœur. Elle avait régulièrement des lignes à copier pour bavardage. C'est moi qui les faisais. J'adorais lui rendre service, et j'étais fière : je faisais une punition de grande !

En grandissant, lorsque les devoirs sont arrivés, c'est Nicolas et Aurore qui m'aidaient le plus à les faire.
Surtout les maths, j'ai été nulle jusqu'en 4ème.
C'est Aurore qui m'a appris à visualiser une échelle que l'on monte et que l'on descend pour comprendre les +1 / -1 comme les étages d'un ascenseur.

Avec le temps, Aurore ne pouvait plus rien m'expliquer : je comprenais mal et nous avons vite atteint nos limites ensemble.

Nicolas n'a jamais abandonné. Il trouvait toujours une méthode pour m'expliquer autrement. Et je finissais par comprendre !

Maman son truc c'était l'anglais. Elle m'aidait, cependant, il n'y avait rien à faire : j'étais nulle. Tout tentative de me faire apprendre quoique ce soit était vaine, anglais ou chinois pour moi c'était pareil.
Maman m'aidait donc, et devant mon incapacité à comprendre, elle finissait par faire elle-même mes devoirs d'anglais. Elle avait de bonnes notes.
Un jour ma prof de 4eme lui a reproché de trop m'aider… le comble !
Maman a donc passé le flambeau à Martine, ma marraine professeur d'anglais. La pauvre n'a pas obtenu de meilleurs résultats mais au moins, on ne pourra pas dire que nous n'avons pas essayé.

Papa aussi m'aidait dans les devoirs. Son truc c'était la technologie. Il faut être honnête : il a été patient sur ce point, car je ne comprenais rien…
Mon professeur de technologie avait eu mon frère (malheureusement pas ma sœur). Nicolas étant doué c'était son « chouchou ». La logique pour mon prof aurait été que la petite sœur ait les mêmes prédispositions que son frère, c'était mal me connaître ! J'enchainais les erreurs, les boulettes et les punitions… que je faisais avec papa.
Les punitions étaient toutes les mêmes : faire les vues d'un objet (vue de droite, de gauche, de dessous, de dessus).

Encore maintenant je n'y arrive pas : la vue de droite est à gauche et la vue de gauche est à droite… inutile de préciser que ma dyslexie était d'une grande aide...
Papa dessinait les vues, consciencieusement, en m'expliquant chaque étape. Il adorait ça !
M. Pellerin savait pertinemment que c'était mon père qui faisait mes punitions. En revanche, mon père ne savait pas que c'était des punitions.

Nicolas m'a aidée dans mes devoirs jusqu'en terminale. Je n'avais plus de problème en maths mais la chimie restait compliquée.

Chez nous il n'y avait pas que les repas qui étaient animés. Nos vacances aussi.
Nous partions tous les étés trois semaines en Aveyron. Nous y allions en voiture couchette : nous mettions notre voiture dans le train et nous dormions dans des wagons-lits. Mon père était toujours très tendu : nous arrivions toujours des heures avant le départ théorique du train, au cas où… (C'est bien connu, les trains sont souvent en avance…)

Un jour, l'un de nous a oublié de prendre le pull de papa. Il s'en est rendu compte dans le train… Il a hurlé et a quitté le train en nous disant que c'était inadmissible un tel manque de respect, que nous étions des « gosses de riches égoïstes » et que de toute façon « ce n'est jamais de votre faute »…
Il est sorti sur le quai, s'est mis sur un banc, bien à notre vue, en se balançant d'agacement d'avant en arrière en se parlant à lui-même ! J'ai eu si peur. Peur de sa réaction, peur qu'il ne

remonte pas à temps dans le train, peur qu'il nous abandonne…Maman pleurait en silence.

Mon père réagissait toujours dans l'excès. Ses réactions étaient toujours disproportionnées. Des exemples j'en ai à la pelle.
Ce n'était rien, son pull était resté dans la voiture, mais c'était à nous de nous occuper de ses affaires… alors que lui nous payait les vacances !

Ma mère n'a jamais réagi. Elle encaissait sans rien dire. Il faut dire que mes parents se sont mariés relativement jeunes. Avant leur mariage, ma mère a passé un contrat avec mon père : 3 enfants en 5 ans.
Partant de ce principe : Tu as eu tes trois enfants, maintenant tu t'en occupes ; mon père s'est rarement impliqué dans notre vie : Il partait du principe que c'était grâce à son travail que nous avions à manger et de quoi partir en vacances.

Pour les tâches ménagères, c'était la même chose : Il était en charge de la maintenance de la maison, c'était déjà beaucoup nous accorder. Le reste était à la charge de ma mère.
Ma mère n'a pas eu trois enfants, elle en a eu quatre.

Maman était comme nous : elle ne pouvait pas réagir, la peur la tétanisait. Les réactions disproportionnées la tétanisaient. Nous ne pouvions rien dire : mon père était dépressif, un rien le stressait, il ne supportait pas d'être poussé dans ses retranchements, ou que nous lui disions non. Il n'était jamais heureux, il n'a jamais été heureux et ne sera jamais heureux.

Lorsque mon père s'en prenait à nous, maman avait un moment de répit.

De surcroît, mon père n'était jamais content. Cela n'allait jamais et maman encaissait toutes les remarques désobligeantes sans jamais rien dire.

Par exemple, un jour, maman a été insultée de salope par mon père.
Maman est une femme qui a toujours aimé aider les autres, à son travail, elle avait un couple d'amis dans la tourmente. Thierry appelait souvent maman pour lui parler de Marie-Jeanne. Maman lui remontait le moral et l'encourageait à aller de l'avant.
Seulement, pendant ce temps, elle n'était pas aux petits soins pour papa. Il lui a donc exposé son point de vue.
La dispute a commencé dans la salle de bain. Papa a fini par sortir en furie de la pièce en hurlant. Le seul mot que j'ai retenu était ce nauséabond « salope » lâché alors qu'il descendait les escaliers en tapant des pieds.

Partant de ce constat, mon père tenait la maison d'une main de fer. Nous étions tous suspendus à ses humeurs et nous nous faisions le plus petit possible pour éviter les spectacles paternels.

J'ai notamment souvenir de m'être occupée moi-même de mon dossier d'inscription en sixième. Je savais que mes parents détestaient l'administratif.

J'ai fait cela volontairement pour éviter de donner une excuse à mon père pour s'énerver. Il ne lui restait plus qu'à signer.

J'ai également souvenir de prendre la responsabilité d'appels téléphonique à SFR pour résoudre le problème de modem défaillant. (C'était l'époque où les forfaits internet étaient limités à une heure). Je sais que si je ne m'en étais pas chargée, papa aurait râlé.

Autre exemple, le soir lorsqu'il rentrait du travail notre famille avait un rituel : Il fallait que nous soyons tous présents pour l'accueillir et lui dire bonjour. Je détestais ça. L'exercice consistait à lui faire la bise d'une manière complètement psychorigide (deux bises en quatre temps : histoire de bien faire un bisou sur la joue et de bien recevoir en retour un bisou sur la joue)

Mon père n'aimait pas l'administratif (les factures, impôts…). A certaines fins de mois, lorsqu'il faisait les comptes, il incendiait maman en lui disant qu'elle lui manquait de respect. Il arrivait régulièrement que maman oublie de noter dans leur carnet de comptes qu'elle avait fait un chèque. Papa se retrouvait donc avec un écart entre le relevé de compte et les dépenses qu'il avait calculées.
Je déteste encore ces souvenirs.
Papa mettait une pression infernale à maman pour qu'elle se souvienne de quel chèque il pouvait s'agir. (C'était souvent pour l'essence).
Lorsque maman oubliait plusieurs chèques c'était la fin du monde pour papa : il claquait la porte de leur chambre en

hurlant « c'est jamais de ta faute », « personne ne fait attention dans cette maison », « vous êtes des bons à rien », « gosses de riche ».
Maman était dans tous ses états. Elle faisait bonne figure pour nous.

Mon père voulait inspirer le respect, il inspirait la crainte.

Autre exemple : Lorsque nous regardions la télévision et que dans le film un enfant répondait à un adulte, ou faisait une bêtise, (même mignonne) papa avait toujours la même réaction inutile, de se dire à lui-même, mais suffisamment fort pour que nous entendions le message « moi le môme il termine avec une bonne claque ! ».

Il voulait inspirer le respect car il accorde beaucoup d'importance à l'opinion des autres. L'image de notre belle famille modèle est très importante pour lui. Il est toujours fier, en présence d'invités que ses enfants se tiennent bien à table, ne répondent pas, soient polis, fassent des études…

J'avais la chance de souvent me rendre chez ma marraine. C'était un vrai moment de liberté.
Je me souviens que lorsqu'elle venait me chercher mon père me rappelait toujours d'être polie.
Lorsque ma marraine me redéposait, il s'assurait auprès d'elle que tout s'était bien passé. Quelle fierté que sa fille soit si polie et sage.

Une fois mon père nous a emmenés tous les trois au cinéma. Nous sommes allés voir le Roi Lion. Je ne m'en souviens pas… mais j'adore ce dessin animé.
Je n'en ai aucun souvenir car j'étais trop jeune : j'avais 6 ans.
Je n'ai aucun souvenir antérieur à mes 8 ans.

A cette époque, papa nous gardait seul tous les weekends car maman travaillait.
Je sais que les dimanches midi nous mangions les lasagnes bolognaise de chez Picard. (Mon père était très nul en cuisine : les lasagnes Picard étaient une valeur sûre).
Je sais aussi qu'il nous arrivait de faire des parties de Cluedo. Nicolas excellait à ce jeu. Il gagnait toujours !

Dernièrement, j'ai sondé Nicolas et Aurore sur leurs propres souvenirs de cette époque.
Nicolas m'a relaté que nous prenions souvent des raclées, Aurore confirme.
C'est vrai que maintenant que Nicolas a mis le doigt dessus un souvenir me revient : Après avoir pris notre bain Nicolas ou moi avons aéré la salle de bain pour éviter la condensation. Notre erreur aura été d'avoir oublié de couper le radiateur avant.
Papa au moment de fermer la fenêtre s'en rend compte : il voit immédiatement rouge. Il nous attrape respectivement chacun par une oreille et nous tire devant le radiateur en hurlant qu'il a fonctionné pour rien, à fond ! J'ai reçu une fessée énorme, devant mon frère, tout en entendant une autre phrase propre à papa « On voit que ce n'est pas toi qui paie ! ». Nicolas aussi a

eu le droit à la fessée. Je suis incapable de me souvenir de mon âge.

Aurore m'expose un souvenir similaire : un jour qu'elle nettoie une pierre ramassée en forêt, par maladresse, elle la fait tomber par terre. Le choc provoque un petit éclat sur le carrelage.
Au bruit de la chute du caillou sur le sol mon père accourt. Ma sœur recevra une fessée pour avoir abîmé le carrelage que mon père a payé et posé.

Mon père n'a pas ses travers pour rien. Il est dépressif.
Il reste mon père et je l'aime malgré tout.

Ma grand-mère paternelle y est pour quelque chose. En 32 ans, je n'ai jamais vu ma grand-mère avoir un mot gentil pour mon père. Bien au contraire.
En 32 ans je n'ai vu qu'une fois mon père tenir tête à ma grand-mère. Cette scène s'est déroulée à Bouffémont, ma ville natale, dans le salon de notre maison.
J'avais une vingtaine d'années.
La veille, j'avais eu une discussion avec mon père au sujet de mamie : en l'invitant à déjeuner samedi, elle se rendrait compte de mon absence en arrivant (j'avais une séance d'orthophonie terminant à midi). Je ne voulais pas que mamie sache pour ma rééducation.
Papa n'a jamais réellement mesuré le complexe que ma dyslexie me provoquait mais il a compris que mamie avait sa part de responsabilité.
Ainsi, lorsque je rentre de ma séance à midi passé, je m'avance dans le salon, dis bonjour à ma famille et m'assied.

Ma grand-mère m'interroge sur mon absence. Je lui réponds, prête à encaisser. Elle me balance une phrase bien à elle : « à ton âge tu as encore besoin d'orthophonie ?! ». Ni une ni deux mon père, pour la première fois, répond à sa mère sèchement : « ça suffit maintenant, arrête de la rabaisser ! ». Mamie était décontenancée que son fils ose lui répondre.
Elle lui fait regretter rapidement en se mettant à lui faire des larmes de crocodile. Mon père est un grand sensible concernant sa mère, elle sait où appuyer.
Plus jamais il n'osera lui tenir tête.

Comme pour clore la discussion et tourner la page sur cette inhabitude de mon père, ma grand-mère me regarde et lâche une phrase qui 10 ans après résonne encore en moi « de toute façon, elle va finir vieille fille avec son chat ! ».
Ma grand-mère paternelle a surement des circonstances atténuantes. Elle n'a rendu la vie facile à personne, et encore moins à moi.

Mamie est ancienne institutrice, de ce fait, elle donne son opinion sur mes problèmes à l'école, et il est légitime que nous l'écoutions.
En CP mon apprentissage de la lecture est catastrophique. Je suis à la traine mais mon instituteur n'est pas inquiet.
Je passe donc l'été chez papi et mamie en stage de lecture avec comme institutrice mamie chat. Grâce à elle j'ai appris à lire. Je le lui dois.

Là-bas je n'ai que des mauvais souvenirs : ma grand-mère me rabâchait constamment que je n'arriverai à rien, que j'étais cucu et que « la fourchette se tient de l'autre main ! ».
Mon pauvre papi ne pouvait rien dire. Cependant, il veillait, de loin.
Par exemple, lorsque je tenais ma cuillère de la mauvaise main il me regardait, fixait ma main et me disait tout doucement avant que mamie ne revienne de la cuisine « ta cuillère : dans l'autre main… ». A la fin lorsque j'avais un doute sur la bonne main je le regardais et avec ses yeux je comprenais si oui ou non les « règles de bienséance » étaient respectées.

Un jour (je ne sais pas suite à quelle question à laquelle j'avais encore mal répondu), mamie me dit « même Blandine est plus intelligente que toi ! ».
Blandine est ma petite cousine, nous avons 5 ans d'écart… Non pas que Blandine soit stupide, mais c'est la dernière à être née. C'est encore un bébé (Céline ma dernière petite cousine n'était pas encore née). Je me souviens avoir reçu cette phrase comme une gifle. Au moment précis où mamie m'a balancé cette phrase je me regardais dans le miroir de leur couloir dans l'entrée. Je déteste ce miroir et je me déteste.

Ma grand-mère partait du principe que pour faire avancer une personne il faut la rabaisser, c'est l'éducation par le négatif. Elle partait aussi du principe que la dyslexie était une tare, ajouter à cela que j'étais davantage disposée à être gauchère que droitière et vous avez tous les défauts qu'une institutrice de la veille école digne de ce nom peut supporter.
J'étais son vilain petit canard.

Un jour, mon frère, ma sœur et moi avions écrit une carte postale pour mes grands-parents. La première carte postale de vacances des petits-enfants à leurs grands-parents…Mamie nous a rendu la carte avec les fautes d'orthographe soulignées en rouge.
C'était son truc de montrer du doigt les défauts de chacun.

A l'âge de mes 7 ans, ma mère a eu un accident d'équitation, elle a été hospitalisée pour un trauma crânien et ensuite une phlébite. J'étais en CE2. Son hospitalisation a duré trois semaines. Cela m'a paru une éternité.
Lorsque maman a été hospitalisée c'est mamie chat qui me l'a annoncé.
« Annoncer » n'est pas le verbe qui convient d'écrire pour cette situation : j'étais en classe, elle a débarqué devant tout le monde pour déclarer en panique que maman était à l'hôpital à cause d'un accident de cheval et que je devais rentrer immédiatement. Mon monde s'écroulait.

J'ai très mal vécu cette situation : Papi et mamie sont restés quelques jours. Ensuite, c'est Nicolas qui a pris le relais : il nous faisait à manger.
Papa n'était pas capable de s'occuper de lui.

Nicolas cuisinait super bien. Mais le rangement ce n'était pas son truc. Nous avions donc nos habitudes : Aurore mettait la table, Nicolas cuisinait et moi je faisais la vaisselle.
Papa était satisfait : la cuisine était mieux rangée et nettoyée que lorsque maman s'en chargeait. Je mettais donc un point

d'honneur à laver contentieusement les casseroles de Nicolas puis le plan de travail et le robinet. Avec ça, on avait la paix. En parallèle, Aurore se chargeait aussi de nos lessives.

Maman était toujours à hôpital le jour de mon anniversaire. Pour mes 8 ans mamie DD était à la maison. Mamie DD était ma grand-mère maternelle. Je l'aimais très fort. Mamie DD était une grand-mère bohème, cool, elle se disait même un peu sorcière ! Elle était toujours positive. Rien ne pouvait la stresser.

Maman n'a jamais eu une excellente relation avec sa mère : petite ce côté bohème l'a beaucoup impactée et maman a dû se prendre en charge seule très rapidement.
Cependant, dans son rôle de mamie, elle était excellente !

Mamie DD était le contraste de mamie Chat : elle me disait « je t'aime », que je n'étais pas bête et que « le français c'est la science des ânes ! ».
Ainsi, mamie DD était présente le jour de mon anniversaire. Cela aurait dû me faire plaisir. Mais ma mère me manquait plus que tout au monde.
Mamie, pour me faire plaisir, avait fait le même gâteau au chocolat que maman avait l'habitude de faire. Lorsque mamie DD a apporté le gâteau avec les bougies j'étais au fond du gouffre. J'étais incapable de manger. Ce sentiment m'a suivi à tous mes anniversaires. Pendant longtemps je ne supportais pas de souffler mes bougies.

Ce sentiment s'est accentué et m'a submergé le jour du décès de mamie DD... Sans que je ne comprenne pourquoi...
J'ai dû faire appel à une hypno-thérapeute pour comprendre pourquoi le décès de mamie m'avait tant affecté : c'est simple, mamie a pris le relais de maman lors de son hospitalisation. La petite fille de 8 ans encore présente en moi considérait mamie comme un pilier de sa vie. C'était celle qui était présente en cas de coups durs.
Avec sa mort, mon monde s'écroulait sans personne pour le retenir.

Maman est sortie de l'hôpital une semaine plus tard, c'était un jeudi, le 21 octobre. Elle m'a fait la surprise de m'accueillir à la maison à mon retour de l'école : je la revois depuis la fenêtre de l'entrée qui s'affairait en cuisine. Mon bonheur et mon soulagement de retrouver ma mère était immense.

Maman avait beau être critique envers mamie, elles étaient similaires : Lorsque je me plaignais d'être nulle en classe maman me disait « tu n'es pas bête ma fille ! » et que doucement mais sûrement, j'y arriverai.
Et lorsque mes problèmes d'orthographe me complexaient davantage maman paraphait mamie DD « le français c'est la science des ânes ! ».

Sans ma mère je ne sais pas si j'aurais été aussi loin dans la vie. Elle m'encourageait toujours. Un jour, j'étais en classe de troisième (j'ai détesté ma troisième : j'étais dans une classe « d'élites », que des intellos... et moi) et ma note d'une dictée était encore plus dramatique que les notes précédentes : j'ai eu -60/20…

Mon professeur de Français nous faisait faire des dictées à rallonge tous les lundis matin. Les dictées étaient interminables et particulièrement difficiles. En moyenne j'avais -10.

Mon -60 me faisait rager de dégoût envers moi-même. J'étais la plus nulle de la classe.

Ma mère m'a remonté le moral en m'expliquant qu'elle aussi était nulle en orthographe, mais que cela ne l'avait pas empêché d'être une bonne infirmière. Il fallait juste trouver ma voie. « Tu vas y arriver ».

Dans ma classe j'étais encore plus complexée car les élèves étaient en compétition et cela semblait leur plaire. Même leurs parents étaient à fond. Je me souviens d'un Luc qui avait toujours des notes excellentes en fiche de lecture maison. Un jour, en se vantant il me dit que c'est sa mère qui lui faisait ses fiches de lectures… J'étais trop dégoûtée : à la maison moi c'était Aurore et maman qui s'y collaient. (Aurore ayant eu le même professeur de Français que moi j'étais supposée avoir un coup d'avance…).

J'ai eu l'occasion de me revaloriser auprès de mes camarades lors des résultats du Brevet Blanc de Mathématiques. Nos professeurs étant particulièrement exigeants et strictes, le niveau de l'examen de maths était très élevé, résultat : la moyenne de la classe était de 6/20.

Mon prof de maths avait la manie de rendre les copies de la plus petite note à la plus grande.

J'étais habituée à être dans les premières.

Cependant, les copies se distribuent et toujours pas de « Christelle ! » au début on y croit… puis l'on se dit qu'il m'a juste oubliée quand il ne reste qu'un petit paquet de copie dans ses mains.
Plus qu'une copie… ce doit être Luc. « Christelle ! Félicitations ! ». Je n'y croyais pas. Non seulement j'ai eu la meilleure note, mais mon prof me félicite. Tous les regards se sont tournés vers moi, mes oreilles se sont mises à chauffer, Luc se retourne vers moi et me demande ma copie pour vérifier.

A la fin de l'heure mon prof m'interpelle, il souhaite me parler. Il me dit que ma note n'est pas le fruit du hasard et que si je gagne en rigueur et en confiance en moi j'y arriverai toujours. « Il faut juste t'expliquer différemment ». Je comprends à ce moment précis que ma dyslexie n'est pas une tare ou un défaut qu'il faut réparer. Je comprends tout simplement les choses avec un autre point de vue. Je dois donc m'adapter et non plus subir.
Ce professeur, inconsciemment, vient de changer ma vie : Je ne suis pas cucu, je suis différente.
Je rentre donc à la maison avec un moral d'acier et une confiance en moi toute neuve.
Papa est dans le cellier, il bricole la machine à laver, je lui annonce fièrement avoir eu la meilleure note au Brevet blanc de maths. J'ajoute que la moyenne de la classe est de 6. Il me demande ma note, « j'ai eu 11 ! » dis-je sur un ton de victoire. Sans même relever la tête vers moi, il me répond, sèchement, « et tu es fière de toi ? ».

Tout le positif engendré par cette note venait d'être balayé en l'espace de trois secondes.
La déception et la tristesse m'ont fait comprendre à cet instant que plus jamais je ne lui parlerai de mes bonnes notes.

Je me suis couchée avec le sentiment que mon prof se trompait à mon sujet et que j'allais finir par le décevoir lui aussi.

CHERIF

J'ai bientôt 18 ans.

Je suis en première année de faculté de droit. Je veux obtenir ma licence de Droit pour présenter ensuite le concours de lieutenant de Police. J'ai toujours voulu être dans la police.

Mes parents, pour m'apprendre les valeurs de la vie me trouvent un travail au marché de notre ville, à Bouffémont.
Il s'agit de vendre des fruits et légumes tous les samedis matin sous la responsabilité de Cherif.
Je connais Cherif depuis toute petite. Ma mère est cliente chez lui depuis notre arrivée à Bouffémont, il y a 18 ans.

Cherif a pris sous son aile Nicolas et Aurore. Il parait logique que je travaille aussi avec lui.
Mes parents lui sont reconnaissants, car grâce à lui, Aurore et Nicolas ont appris les valeurs de l'argent.

Papa a l'habitude de dire que Cherif, nous a mis « le pied à l'étrier » et que nous avons beaucoup de chance qu'il nous ait tant apporté.

Papa a aussi l'habitude de dire à qui souhaite l'entendre, qu'il a des enfants bien élevés, qui dès leurs 18 ans ont concilié études et travail au marché. Quelle fierté !

Je suis reconnaissante envers mes parents, en parallèle, de me payer des cours d'équitation. Je ne travaille pas par pure nécessité. Ce n'est pas un travail alimentaire. C'est un premier pas dans le monde du travail. Tout le monde n'a pas cette chance.

Le marché est aménagé en deux zones séparées par une grande allée piétonne.
Les jours sans marché, l'emplacement est un parking, non fermé et couvert de grandes bâches blanches mais ouvert sur deux coins.

L'étale de fruits et légumes est excentré des autres vendeurs : il est le seul dans la zone de droite (en arrivant de la gare), et l'étale est éloigné le plus possible de l'allée piétonne.
Il n'y a personne à droite, personne à gauche et personne en face.

Cherif ne souhaite pas que je commence à travailler dès septembre : je suis toujours mineure et justifie à maman qu'il ne veut pas d'ennuis. (Il en aurait déjà eu). Il souhaite attendre octobre.

Octobre arrive.
J'ai 18 ans.

Avant de commencer ma première matinée, papa, comme à son habitude, se sent obligé de me rappeler que je dois être polie et bien me tenir.
L'image de la petite fille modèle.

Je n'ai pas de mauvais souvenirs de cette première matinée. Cherif est cool, il m'apprend des astuces de vendeurs quelque peu discutables mais qui font partie du jeu. Il raconte même des blagues.
Les clients aussi sont chouettes : certaines familles me connaissent depuis toujours, il y a mon ancienne maîtresse, des parents d'élèves, des amis de la famille, des personnes de tous âges… et même ma mère.
Je suis d'un naturel très sociable, j'aime beaucoup discuter, apprendre des autres. Je suis un peu dans mon élément : le travail n'est franchement pas compliqué.

Mes premiers samedis se passent sans soucis. Je m'habitue aux clients réguliers, des liens se tissent.
Il y a une personne âgée que j'adore servir : il ressemble à feu mon grand-père et le voir, lui parler, me procure un bon sentiment.
Il y a aussi cette femme, d'origine étrangère, qui ne parle pas bien français, que j'apprécie aussi servir : nous ne nous comprenons pas toujours, et les situations cocasses qui en découlent nous font rire toutes les deux. Je ne la connais pas plus que ça, mais je prends plaisir à la voir tous les samedis matin.
Certains clients réguliers me demandent comment se passent mes études, mon âge, mes passions. Une mère de famille me pose des questions sur le bac de français (elle est inquiète pour sa fille, je lui fais part de mon expérience et lui propose même mes fiches de lecture). Travailler au marché est une expérience enrichissante socialement parlant.

Cherif aussi me pose des questions, sur ma vie sentimentale, mes sorties. Il est très gentil.

Trop gentil.

Un jour, alors qu'il y a du monde à servir, au moment de nous croiser derrière l'étale sa main frôle mes fesses. L'instant a été bref. Je ne réagis pas. Cela peut arriver. Il ne s'en est même pas rendu compte.

Cela recommence, j'ai l'impression que le toucher est plus « long ». Comme le sentiment que sa main touche mes deux fesses une part une, lentement. Je ne réagis pas. Je ne comprends pas.

Lorsque je rends la monnaie aux clients, je suis cantonnée dans une zone : au niveau de la caisse. Cherif vient souvent discuter avec mes clients, il se met toujours sur ma gauche.

Il aime discuter avec mes clients pour savoir si tout va bien. Les clients m'apprécient et le disent.
Un jour, alors que le client lui fait mes éloges, je sens son genou remonté doucement le long de ma cuisse, puis redescendre, et remonter encore doucement… à ce moment il répond au client que « oui, il a de la chance de m'avoir, je suis très gentille ! ».
Je ne réagis pas. Je suis figée.

Cherif est toujours gentil avec moi, mais ses questions sont de plus en plus intimes : Il veut savoir si j'ai rencontré quelqu'un, si je suis vierge…

Ces questions me dérangent, mais je ne sais pas pourquoi, je réponds quand même. Je dois lui répondre. (Est-ce par respect ? « Quand on te pose une question tu dois répondre ! »)

« Je n'ai personne dans ma vie. »

« Je ne suis pas vierge » Je lui mens. Pourquoi ? Je ne sais pas. C'est mon instinct qui me dicte cette conduite, je sais au plus profond de moi que je dois mentir ! Et pourtant mentir… lui mentir… je ne sais pas pourquoi je culpabilise.

De 7h30 à 9h30 il y a généralement très peu de clients. J'ai pour habitude d'attendre les clients assise sur la table derrière la caisse en pianotant sur mon téléphone portable. (Il s'agit de la table où nous entreposons les sacs en papiers, c'est le seul endroit pour s'assoir).

Un jour, il s'approche, près, trop près, il pose sa main sur ma cuisse, (je suis de plus en plus intéressée par mon téléphone portable), et remonte doucement, lentement sa main vers mon entre jambe. Je suis figée je me concentre sur mon téléphone portable. Il associe se geste à une phrase « tu sais, le jeudi avec Sandra mon autre fille du marché avec qui je travaille, nous le faisons régulièrement dans mon camion ». Je suis tétanisée. En bonne fille polie je réponds « non merci ».

Lundi, à la fac je raconte cet épisode à Julie. Julie est mon amie de galère en fac de droit.

Julie est mature pour son âge, et sa réaction est sans équivoque : je dois en parler à mes parents et arrêter de travailler avec cet homme.

Je mets beaucoup de temps à accepter cette idée. J'ai honte de parler de ce qui se passe au marché. Mon père n'est jamais ouvert aux discussions. Je sais donc que l'exercice va être compliqué.

Je me lance un dimanche midi, après le déjeuner.
Papa est dans la cuisine et lit une revue. Maman s'affaire devant l'évier.
« Papa, maman, je veux arrêter de travailler au marché. Cela ne se passe pas bien avec Cherif … il me frôle et fait des blagues bizarres ».
Ca y est le plus dure est fait ! Je l'ai dit. C'est dur mais c'est sorti !!!
« Ce n'est rien, tu te fais des idées, il veut juste rigoler, Aurore et Nico n'ont jamais eu de problème avec lui ! » rétorque mon père.
J'insiste, maladroitement, sur le fait que je ne veux plus y aller !
Mon père, qui déteste être poussé dans ses retranchements ou que nous lui tenions tête, coupe court à la conversation avec cette phrase qui résonne en moi comme une menace « mais si tu arrêtes de travailler, comment vas-tu payer ta cantine ? » tout en retournant dans la lecture de sa revue.
Le couperet tombe : on ne me croit pas. Je suis seule.

Dans les jours qui suivent, maman demande à Aurore si Cherif avait eu un comportement déviant avec elle. Aurore, se souvient de ses blagues graveleuses mais n'a pas subi de désagrément.

Lorsque je raconte à Julie la situation, je lui dis que mes parents ont raison : je me fais mon film, il veut juste rigoler. Cela me permet de me convaincre aussi.
Je ne parle plus jamais à Julie de Cherif.

Je reprends donc la route du marché. Seule.
Le calvaire reprend… je me fige…
Puisque je me fige, la situation se dégrade encore plus.
Je mets deux pantalons et plusieurs collants pour aller travailler… car maintenant c'est un rituel : dès que je m'assois, mes cuisses deviennent ses cibles.
Sa main ne reste pas sur ma cuisse, elle remonte, lentement, progressivement vers mon entre-jambe… il fait cela tout en regardant ailleurs, comme pour s'assurer de ne pas être dérangé, ou surpris…
Arrivé au niveau de l'entre jambe il veut « rentrer » un doigt. Mon corps ne réagit pas : Je suis tétanisée (mes pantalons je vous aime).
Il me propose encore une fois d'aller dans son camion… Je sais que je ne dois pas céder, et je ne céderai pas.
Un jour je réussis à me lever et à dégager sa main ! Bien mal m'a pris : son regard à ce moment-là est devenu méprisant et plein de colère.
Il change son fusil d'épaule : il veut me faire céder par la peur et la violence !

Une guerre des nerfs commence.

Il commence par me faire venir plus tôt. A 7h pour l'aider à mettre en place l'étale.
Je dois porter les cageots de pommes de terre… les plus lourds.
Je le fais, je suis forte, je ne cèderai pas. Pas le camion !

Il tente de sous-entendre que je suis une voleuse ou une incompétente : Il lui arrive souvent, dès mon arrivée, de me reprocher « la semaine dernière il manquait des sous dans la caisse ! ». Bien évidemment, jamais je n'ai volé !
Il précisait bien que si cela se reproduisait il me payerait moins puisque cela ne pouvait pas venir de lui : avec Sandra il n'avait pas ce problème !
En procédant ainsi il avait, dès le début de matinée, l'ascendant sur moi.

Il touche régulièrement à son couteau (couteau qui nous sert notamment pour couper la pastèque), en précisant qu'il saura s'en servir si nécessaire, cette remarque sonne en moi comme une menace. Mais je ne relève pas. Je ne montre pas que je comprends le message. Pas le camion !
Il guette des moments de faiblesse et me propose de l'aide de manière mielleuse, mais je comprends son stratagème : il m'aide : je lui suis redevable : je cède !
Pas le camion !
Je ne m'assoie plus : 7h-13h debout. Je suis forte !

Son ingéniosité est débordante : il fait tomber des choses par terre, et me demande de ramasser en prétextant un mal au dos.

Bien sûr, lorsque je suis baissée mes fesses deviennent encore plus vulnérables : Il en profite donc pour les « caresser » allégrement.
Il le fait même devant les clients : derrière l'étale personne ne voit !
Un jour c'en est trop : il me fait ramasser une pomme sous l'étale et m'empêche d'en sortir en me bloquant avec son corps. Je finis par émettre une plainte de désapprobation.

Les clients m'interrogent, je croise son regard, j'ai peur… je réponds que je me suis fait mal au dos. Cherif blague auprès des clients sur mon mal de dos et me dit de me reposer en m'asseyant… les clients le félicitent de sa gentillesse à mon égard… Je sais ce que cela veut dire : ma punition pour avoir failli le dénoncer sera de laisser mes cuisses entre ses mains…

Mon calvaire connait un moment de répit :
En fac de droit je rencontre Ludovic. Ludovic est gentil il me sent vulnérable, mais n'en profite pas. Il ne m'intéresse pas beaucoup, il n'est pas très vif, parle lentement, bouge lentement, tout ce que je déteste.
Il n'est pas du tout entreprenant avec moi.
Je vois en lui une possible échappatoire.

Ainsi, aux questions habituelles de Cherif sur ma vie sentimentale je lui annonce fièrement être en couple. Il est décontenancé un bref instant, mais ne se démonte pas pour autant : il oriente ses questions en conséquence.
Il veut connaitre tous les détails de mes moments intimes avec Ludo.

Je reste sans voix…
Devant mon mutisme il enchaine sur… l'art de faire une fellation et conclu que Sandra lui en fait régulièrement, avec du miel, dans son camion. Il propose de me montrer.
Je suis horrifiée, il souille maintenant mes oreilles, mais je décline… la haine dans ses yeux me fait avoir le meilleur des réflexes « Ludo habite juste à côté, il va passer un jour ! ».

Ce retournement de situation me donne un bol d'air frais plusieurs semaines.
Je peux m'assoir à nouveau sans devenir sa chose : s'il s'approche, je précise être en train d'écrire un sms à Ludo. Cela le coupe net dans sa lancée.

Mais Cherif n'est pas dupe, du moins pas assez longtemps, et au bout de plusieurs semaines il me demande des photos de Ludo. Horreur, je n'en ai pas… et pour cause : je suis restée en couple avec Ludo par intérêt, je n'ai aucun sentiment envers lui, et surtout : j'ai rompu depuis plusieurs semaines.
Il comprend la supercherie. Des clients arrivent. Leur présence me sauve, du moins je sais que la sentence est repoussée, mais Cherif ne veut pas abandonner aussi facilement, clients ou pas : il rumine.
Sa colère va se matérialiser par un acte qui, d'un regard extérieur paraitra maladroit, mais sera pleinement délibéré : il m'assène un coup dans la tête avec un sac de pomme de terre.
Ce geste ne sera pas isolé.
Dorénavant, il me donnera des coups de sac de pomme de terre dés qu'il en aura l'occasion.
Il lui arrive même de me les lancer à distances dans la tête.

Les samedis passent et se ressemblent, mais je ne cède toujours pas. Pas le camion.
Les nuits du vendredi au samedi je dors mal, j'ai envie de me couper les jambes pour qu'il ne puisse plus les toucher.
Mes migraines sont de plus en plus fréquentes. Je perds l'appétit. J'ai faim mais je n'arrive pas à manger.
Avec le temps la faim disparait aussi.

Ma meilleure amie Aurélie m'alerte sur mon poids. Je lui explique être stressée par mon chef au marché. Je n'entre pas dans les détails. Les avouer c'est accepter qu'ils existent.
Je n'ai pas cette force. Je préfère tout oublier.

Aurélie est maligne, elle a bien compris que Cherif est un lâche, et disons-le : un gros con !
Elle monte un plan : lancer la rumeur de l'installation de caméra de surveillance sur le marché.
Pour ce faire, elle passe par sa mère, qui travaille à la mairie de Bouffémont. Emmanuelle, rarement cliente chez Cherif, s'exécute sans poser de questions (Avec Aurélie et moi, elle en a vue d'autres !) et lance la rumeur lorsqu'elle est dans la file d'attente.

Les conséquences sont sans appel : il ne me touche plus !
Régulièrement il me demande si j'ai des nouvelles pour les caméras. Sont-elles déjà toutes installées ? Fonctionnent-elles bien ? Comme-ci je pouvais savoir…
J'en profite bien « oui regarde il y en a une juste là dans le coin à droite ! » Aurélie a raison : il est vraiment con !

Le subterfuge dure un mois. Un mois de tranquillité.

Un jour, un responsable de la mairie passe faire le tour du marché pour poser des questions et écouter nos doléances. Je n'avais encore jamais vu cette personne au marché. Je comprends que des élections approchent.
Manque de chance pour moi, la première remarque de Cherif porte sur la discrétion des caméras… Le responsable, s'amuse de cette information et lui rit au nez en lui demandant d'où lui vient cette idée. Il se retourne vers moi… son regard me glace le sang. Il comprend que je me suis jouée de lui… mon corps se fige sur place, ma tête chauffe, ma vue se brouille, heureusement que je suis assise, sinon, je me serais effondrée de peur.

A ce moment, je ne sais pas ce qui est pire : être sa proie ou avoir gouté à la liberté et la perdre aussitôt ?
Je n'aurais pas connu cet instant de liberté, la chute n'aurait pas été aussi lourde de conséquences.

Je fais le choix d'encaisser, encore, et de ne surtout pas céder. Pas le camion !
Ce jour-là mes seins deviennent également le sujet de ces violences : les bleus n'ont même pas le temps de disparaitre entre chaque samedi que des nouveaux font leur apparition.

Les samedis qui suivent, Cherif est particulièrement motivé. J'ai le sentiment qu'il veut rattraper le temps perdu.
Il passe même ses nerfs sur mes clients préférés :

Le petit papi que j'adore a droit à des remarques humiliantes. Cherif joue de sa surdité pour dire les choses sans être entendu directement.
Il le critique sur son physique, il dit notamment de lui qu'il doit avoir un pénis fripé.
Je ne supporte pas ça. Cette personne âgée est un amour. Cherif le sait, il cherche une réaction de ma part pour ensuite rependre le dessus sur moi.
Je ne réagis pas.

Un jour, le gentil papi ne vient pas. Cela m'inquiète car ce n'est pas dans ses habitudes : il est réglé comme une horloge et vient tous les samedis à 9h45.
Le samedi suivant, il ne vient toujours pas. Je finis par demander à une cliente, qui habite dans la même résidence que lui, de ses nouvelles. L'annonce de son décès me fait un choc.
Cherif en rigole.

Mon calvaire dure, et n'est pas prêt de s'arrêter. Mais je ne cède toujours pas.

Ma vie continue.
J'ai loupé ma première année de fac de droit. Je suis maintenant à l'IUT de Saint-Denis, je prépare un DUT Mesures Physiques.

Alors que je sors de cours à 18h, je regarde mon téléphone portable : j'ai un message vocal.

J'écoute le message vocal avant de sortir de l'IUT.

C'est un message, sans équivoque de Cherif : il est dehors et vient me chercher avec son camion pour faire un tour. Il dit avoir envie de moi et pleurer en pensant à moi en m'attendant devant la fac de Saint-Denis.
J'ai peur mais je réalise qu'il n'est pas au bon endroit : il est devant la faculté tandis que moi je suis à l'IUT.
Je profite qu'une foule d'étudiants sorte pour me fondre dans la masse et rentrer dans mon tram.
300m à peine sépare l'IUT du tram, ce sont les 300m les plus longs de mon existence : Je suis aux aguets tout le long du chemin.

Dans le tram je retrouve mon ami Bilel, il fait le même trajet que moi pour rentrer, nous habitons à deux stations de trains l'un de l'autre. Je suis sauvée !

Je rentre à la maison, j'ai toujours peur mais le trajet retour m'a mis les idées au clair : je dois faire écouter le message à mes parents ! Ils seront obligés de me croire.

Je n'ai pas le courage de déranger mon père pour lui faire écouter le message. Je passe par ma mère.
Maman semble comprendre et nous en parlons à mon père après le dîner.

Papa accepte que je ne travaille plus au marché, mais c'est à maman de régler ça !

J'envoie un sms vendredi à Cherif pour dire que je ne viendrais pas travailler samedi.

Samedi, maman débarque au marché et demande, devant tous les clients, une explication sur le message vocal qu'il m'a laissé. Elle conclut par « ma fille ne reviendra pas travailler chez toi ! ».

Mon calvaire est fini. J'ai 20 ans.

Pourquoi ?

SEBASTIEN

Je rencontre Sébastien à l'âge de 23 ans. Cela fait environ deux ans que nous nous connaissons.
Lorsqu'il m'invite à aller au cinéma, au fond de moi, je n'y crois pas. Sébastien est particulièrement beau. Il me semble inaccessible.
Il me donne RDV à la gare de Mery-sur-Oise.
J'arrive avec 5 minutes d'avance. Je ne me sens pas bien. J'ai une boule au ventre qui me donne envie de vomir.
Sébastien n'arrive pas. Il se passe 20 minutes avant que je ne me décide à rebrousser chemin. J'avais raison. Il est trop bien pour moi et ne viendra pas.

Alors que j'ai fait demi-tour, je reçois un SMS. Séb m'annonce arriver dans 3 minutes : il est en retard !
A son arrivée, dès que je le vois : mes nausées s'arrêtent.
Notre rencart se passe super bien. Lorsqu'il me ramène chez moi je suis sur un petit nuage.
Cependant, une fois que nous nous sommes quittés, ma boule au ventre revient. Cette situation m'interpelle : d'habitude je vis le contraire.

Avec tous les hommes que j'ai rencontrés j'étais toujours nauséeuse en leur présence. Je ressentais toujours le besoin d'écourter nos RDV tellement la boule au ventre me bouffait. J'avais toujours un sentiment de soulagement lorsque je leur disais au revoir. J'ai toujours mis cela sous le coup du stress.

Je ne compte plus le nombre de fois où j'ai failli vomir sur mes petits copains. Avoir des hauts le cœur juste au moment de l'acte était assez courant pour moi.
Mais avec Sébastien, c'était tout l'inverse. Sa présence m'apaisait.

Au bout d'un mois de relation, je pris une grande décision : poursuivre avec lui ! En temps normal, j'aurais pris les devants et l'aurais quitté.
C'est toujours ainsi que je procédais : dès que cela devenait trop sérieux je prenais la fuite. Je retrouvais ainsi ma liberté et perdais ma boule au ventre. Avec Sébastien, impossible de le quitter : dans ses bras mes nausées s'envolaient, mon esprit était plus léger, comme libre. C'est ce constat qui m'a fait penser que Sébastien était l'homme de ma vie.

Sébastien était étudiant en école d'ostéopathie. Je ne croyais pas en l'ostéopathie.
J'avais d'ailleurs connu un ex, étudiant en ostéo aussi, qui avait le melon sur sa future profession. J'ai tenu 2 semaines avec lui (lui c'est quand il a voulu me retirer mon pantalon que je lui ai presque vomi dessus…).
Mon médecin généraliste aussi était ostéopathe. Je détestais aller le voir : sa grande passion me concernant était de se positionner derrière moi (en me disant que je suis toute tendue à cause du stress) et sans me prévenir me faire une mini prise de karaté pour me faire craquer le cou. A chaque fois, le lendemain j'avais toujours une migraine… mon expérience avec l'ostéopathie a fait que je me suis promise que jamais Séb ne me manipulerait.

C'était sans compter sur mes migraines.

Mes migraines sont particulièrement violentes et fréquentes. J'ai toujours été migraineuse mais cela s'est particulièrement dégradé depuis mes 20 ans. Je suis par ailleurs suivie par un neurologue spécialisé à l'hôpital Lariboisière et j'ai un traitement de fond assez lourd.
Un jour alors que je suis en pleine crise, Seb me propose de regarder pour voir s'il peut, en tant qu'étudiant, faire quelque chose.
Seb, contrairement aux autres ostéo que j'ai connus ne fait pas craquer, il est doux et consciencieux, et, à force de le voir réviser et étudier, je me laisse tenter. (Même si au fond de moi, je ne crois toujours pas à l'ostéopathie.)

Je suis allongée sur le dos sur sa table de pratique. Seb prend ma tête entre ses mains et commence sa séance. Je ressens de la chaleur qui cible chaque point de pré-douleur de mes migraines. Il travaille les points un par un et les « dissout ».
Le résultat est assez fou pour moi : ma migraine disparait.

Il va procéder ainsi à chacune de mes crises.

A un moment, il me dit que le problème vient de mes cervicales qui sont en tension à cause de ma mâchoire que je sers trop fort. Il axe donc son énergie sur cette partie-là.

Au bout de plusieurs séances : mes migraines disparaissent complètement !

Mon neurologue est bluffé par la situation : je n'ai plus besoin de mon traitement de fond. Je ne suis plus migraineuse.

A l'âge de 27 ans, alors que nous sommes tous les deux jeunes actifs, nous nous installons ensemble sur Domont.

Alors que la trentaine approche, je décide d'aller voir une psychologue : Depuis toujours je me voyais mère à l'âge de 30 ans. Seulement, des enfants, pour le moment je n'en veux pas. Je ne m'en sens pas capable. Ma psy me conseille d'écrire un livre. Je garde l'idée dans un coin de ma tête.
Je finis donc mes séances avec elle avec un objectif : faire un bébé immédiatement ! Je mets aussitôt la pression à Seb sur ce sujet.
Il ne se sent pas prêt et me demande de ne pas en parler autour de nous. Je comprends sa requête : le bébé n'est pas l'unique sujet de pression chez nous. Le mariage en est un autre, et le fait que j'en parle tout le temps à nos amis met Seb mal à l'aise.

Il se passe 2 ans avant que je ne craque. Mon envie d'avoir un bébé avec Seb est si importante que je le quitte. C'est la décision la plus dure que j'ai prise de toute ma vie. Mais c'est une décision réfléchie : pourquoi rester avec un homme qui ne veut pas d'enfant ? Nous n'avons pas d'avenir ensemble. Nous avons vécu 9 ans de bonheur, c'est ce que nous garderons en mémoire.

Nous restons amis.

COLINE

Coline est une amie d'école de Sébastien. Je la connais depuis longtemps.

Coline est une personne extrêmement sensible et nature.
Physiquement, elle est très jolie ; elle a des rondeurs, je pourrais dire « grosse » mais ce terme ne lui rend pas justice : elle est belle !

Coline a toujours été une amie à moi que je sais sincère et fiable.

Je pense pouvoir écrire, sans me tromper, que le divorce de ses parents l'a profondément marquée : elle a été meurtrie par cette situation et doit vivre avec le bagage émotionnel qui en découle.
Coline a un besoin tactile plus développé que chez d'autres personnes : Elle a le contact facile.

J'ai le souvenir, qu'un jour, alors que nous étions en visite sur Orléans, avec mon groupe d'amis habituels, (Coline, Anne-Cécile, Sophie et les garçons) nous faisons le choix de participer à un karaoké !
Le karaoké est situé dans l'annexe d'un bar, nous sommes donc avec d'autres personnes mais davantage en petit comité que dans une salle de spectacle.

Notre groupe est assis sur des banquettes, nos places ne sont pas délimitées.
Par habitude, les garçons sont à gauche (coté bar !) et les filles à droite.
Je suis dans l'angle avec Anne-Cécile devant moi et Coline à ma gauche. Sur ma droite : le mur.
Je passe un excellent moment (les oreilles des autres un peu moins), mais je suis heureuse et je me moque assez facilement des autres.
Nous chantons même en anglais. Nous n'avons pas de complexes : je suis entourée de mes amis.

Mais dans la soirée, il arrive ce moment, ce moment où Coline exprime sa joie envers moi avec un geste anodin : elle me prend dans ses bras !
Cependant, ce geste en apparence anodin, me révèle un sentiment d'oppression, de stress inexpliqué si fort que je repousse Coline avec une rage et une force que je ne me connais pas !

Coline me regarde, ses yeux… ses yeux témoignent son incompréhension et sa peine.
Je ne sais pas pourquoi j'ai réagi ainsi. C'était purement instinctif.

Devant son interrogation, je comprends que ma réaction a été inappropriée.

Coline : « Pourquoi tu as fait ça ? »

Moi : « Désolée, tu as appuyé sur la bretelle de mon soutien-gorge qui me fait mal depuis des heures… »
Le mensonge, ce mensonge, cette facilité à mentir… mais comment lui dire « je ne sais pas, ton geste m'a stressée ».

J'ai passé le reste de la soirée à faire semblant d'aller bien et d'être heureuse. Mais son regard, ses yeux… son incompréhension et la mienne m'ont marquée.

Pourquoi ?

FRANCOIS

François est initialement un ami de Sébastien. Je le connais depuis longtemps.
François est un garçon gentil, serviable, doux et bien élevé : je l'apprécie et le considère comme mon ami également.
Il a une manière bien à lui de faire la bise pour nous dire bonjour : il positionne sa tête perpendiculairement à la mienne pour être assuré que sa bise soit bien sur ma joue. C'est une délicate attention de sa part, cependant, un sentiment négatif m'envahi à chaque fois.

Je n'ai jamais connu François en couple. Pourtant, il ne manque pas d'assurance, il vise toujours des femmes particulièrement jolies.
François est avenant : il discute facilement.
Lorsqu'il me parle, il s'avance toujours un peu plus proche que les autres.

J'apprécie François, il est passionné par Napoléon et a toujours plein d'informations culturelles à nous faire partager.
Je me rappelle par exemple, d'une discussion particulièrement géniale sur les épées !
J'adore Zorro et François m'a expliqué la différence entre épées, aiguilles et autres outils de l'époque. C'est un bon souvenir pour moi.

Je connais même ses parents : ils sont comme lui, avenants, gentils, doux. Sa mère m'a même appris à faire un VRAI far breton.

Un jour nous étions en week-end avec la bande habituelle dans la maison familiale des grands-parents de Coline.
La bande est constituée de Coline et Etienne, Dylan et Anne-Cécile, Alexis et Sophie, Sébastien et moi, et François.
Ce n'est pas la première fois que nous nous retrouvons tous ensemble pour passer un weekend.
Je suis heureuse de les retrouver.
Lorsque nous arrivons vendredi soir, Alexis nous accueille de son habituel : « ça va ma poule ? ».
J'adore aussi Alexis, il fait la bise en te prenant par le cou, l'instant est toujours bref mais un sentiment me dérange toujours dans ces moments-là.

Alexis est assez tactile, davantage que François. Cependant, il est en couple avec Sophie, (Sophie est une femme forte qui recadre, lorsque nécessaire, Alexis avec douceur et diplomatie), et l'existence de Sophie apaise les sentiments malaisants que je pourrais avoir en présence d'Alexis.

Dylan est également présent. Il me dit bonjour d'une manière traditionnelle.
J'ai envers lui un sentiment de profond respect, pas un respect paternel qui induit toujours des sentiments négatifs, mais un respect fraternel. Dylan n'est pas tactile. Je n'ai jamais eu aucun aprioris négatifs à son sujet.

Il en est de même pour Etienne. Etienne est un grand gamin. Il n'est pas tactile.
Etienne a toujours un mot pour rire. Il ne s'énerve jamais. Il donne l'impression de n'être jamais stressé.
Il donne l'image d'une personne inoffensive.

Samedi matin, Coline, Dylan et Anne-Cécile partent faire les courses aux marchés. Je dors encore…
Lorsque je me lève, je trouve Sophie dans la salle d'eau. Elle m'explique que François est malade. Il a la diarrhée !
Il est justement dans les seuls WC de la maison, j'attends donc pour faire mon pipi matinal.
Je suis à la fois embêtée pour François et stressée que cela puisse être une gastro.

Le reste du groupe rentre des courses. Alexis et Sébastien aident au rangement. Pendant que nous nous affairons tous entre la cuisine et le salon, j'entends la chasse d'eau.
Je me rapproche donc, pour à la fois sonder François sur sa santé et accéder aux WC.
François va beaucoup mieux, il pense avoir mangé de la viande avariée dans son sandwich la veille.
Je continue donc mon chemin vers les toilettes. Je passe devant Sophie, toujours dans la salle d'eau. Elle m'interpelle : « François vient de sortir des toilettes sans se laver les mains !! ». LA phrase à ne pas me dire !

Je retourne sur mes pas, François doit surement être en train de se les laver dans la cuisine (c'est logique, Sophie étant dans la salle d'eau il n'a pas voulu la déranger) et trouve François, assis dans le canapé du salon, à lire un bouquin. Je demande s'il s'est lavé les mains. Il m'affirme que oui, dans la salle d'eau. Devant ce mensonge, mon démon intérieur réagit au quart de tour : j'expose, tout en essayant de garder mon calme que cela n'est pas possible puisse que Sophie y est. Il admet avoir oublié et va se les laver…

Je rumine sur cette situation tout en me rendant aux WC. WC que je découvre… avec des « restes » du passage de François. Je nettoie. Je peux enfin vider ma vessie en paix !

Lorsque je sors, (après m'être lavée les mains), je retrouve les filles dans la cuisine. Sophie les a déjà débriefées sur l'affaire « lavage de mains ». Coline est outrée. J'en rajoute une couche sur l'état des WC après son passage.
Anne-Cécile conclut en précisant qu'elle a demandé à Dylan de toucher deux mots à François sur le partage des tâches ménagères.
Nous adorons François. Mais à chaque fois que nous partons en weekend ensemble il ne fait pas grand-chose pour aider et nous sommes tous d'accord pour que cela change.
Nous préparons le repas du midi (Coline m'apprend à faire une ratatouille !) en concluant que François se rendra compte qu'il faut s'impliquer dans les tâches ménagères lorsqu'il aura une copine pour le lui rappeler. Nos compagnons ayant quelques casseroles à leurs actifs aussi.

Nous passons la soirée à jouer à des jeux de société. C'est une habitude que l'on a. Sébastien et Etienne ramènent toujours des sacs remplit de nouveaux jeux, qu'ils sont contents de présenter et comparer.

Alors que nous jouons à un jeu coopératif, une sorte de Cluedo où le fantôme (Etienne) donne des indices (des images abstraites) sur son assassin aux joueurs qui incarnent des médiums, la tension monte.
Anne-Cécile/moi, Coline/Sophie, Alexis et Sébastien attendons François et Dylan qui sont bloqués au niveau inférieur (pour gagner nous devons tous être ensemble en haut). Dylan pense avoir identifié son arme (pour passer au niveau supérieur il faut identifier notre personnage, la pièce puis l'arme) et François hésite entre 2 autres outils.

Le jeu étant coopératif, nous donnons tous notre avis à François.
La tension est à son comble : Si Dylan et François ont juste nous gagnons.

François n'a pas encore statué sur l'arme qu'il doit choisir. Je lui soumets l'idée que la couleur des cartes que le fantôme lui a donné écarte d'office une proposition.
François balaye mon idée sans même me regarder, je ne pense même pas qu'il m'ait vraiment écoutée, et choisi l'arme que j'avais écartée, sûr de lui.

Le jeu touche à sa fin : Etienne indique que Dylan a juste (il nous rejoint) mais que François a choisi la mauvaise arme, nous avons perdu.

A ce moment précis, je suis mal, j'en veux à François de ne pas m'avoir écoutée et je sens en moi un mauvais sentiment qui monte, monte…
Anne-Cécile qui avait joué avec moi me dit que le jeu est quand même chouette, je ne l'écoute plus, François, gentiment, affirme que nous avons perdu car Etienne lui a donné de mauvaises cartes.

Je réagis, c'est comme-ci le démon en moi attendait le feu vert pour sortir. François venait de le donner à l'instant.

J'explose! J'explose contre François. Sa mauvaise foi, sa critique envers Etienne sont la goutte d'eau qui me fait me transformer en karcher verbale.
Je hurle contre lui qu'il est débile, que c'est de sa faute si on a perdu, et que plutôt que se plaindre il aurait mieux fait de nous écouter !
François ne peut rien répondre. Je suis incontrôlable. J'ai conscience que ma réaction est disproportionnée à la situation, mais c'est plus fort que moi, j'ai accumulé trop de choses, ça sort…

Pour calmer la situation, Etienne propose un autre jeu, et cet incident est très vite oublié.

Pourquoi ?

PIERRE

Pierre est mon responsable. Lorsque je l'ai connu j'étais apprentie qualité dans une grande entreprise. Nous avions travaillé ensemble sur un sujet. Notre collaboration m'avait laissé un bon souvenir car la tache effectuée avait été rude mais satisfaisante.

Pierre est venu me chercher alors que j'étais en poste en tant que technicienne qualité depuis 2 ans en CDI dans cette même boite. Me chercher n'est pas le bon terme : il est venu me sauver !

J'ai toujours aimé mon travail au sein du service qualité. Lorsque je suis arrivée dans le service, j'étais intérimaire. C'est mon collègue, Bernard, qui m'a formée.
Je m'entendais très bien avec Bernard. Il faisait des blagues drôles. Son seul défaut était qu'il ne travaillait que pour faire acte de présence. C'est contraire à mon éducation mais notre responsable était à la ramasse, aussi je passais outre.
Bernard me dit un jour que sa femme est jalouse de moi. Je ne comprends pas cette remarque car il est plus vieux que moi, vraiment pas beau (sosie de Jean Claude Dusse des Bronzés !) et surtout je suis en couple et fidèle.
Il rétorque que l'âge ne veut rien dire. J'aurai dû à ce moment précis réagir. Mais la situation me fige sur place.

En 3 ans j'ai connu environ 6 responsables qualités : le poste était un vrai siège éjectable !

Un jour que le poste est vacant, Bernard prétend que la direction s'est rapprochée de lui pour le poste. Je le félicite, il est dans le service depuis longtemps, c'est donc légitime.

Seulement, il y a un problème, c'est faux et le prestataire qui est actuellement en poste me voit davantage reprendre le titre.
J'ai beau n'avoir aucune ambition, le mal est fait : en l'absence du prestataire, c'est moi qui ai toutes les responsabilités. Pour Bernard, c'est un affront.
Il me fait des crasses et reporte mon nom sur un dossier qu'il a réalisé et qui est bourré d'erreurs.
Je m'en rends compte lorsque je suis convoquée par la direction, sur le-dit dossier. Heureusement pour moi, j'ai une preuve du méfait.
La direction n'en tient pas rigueur.
Bernard se sent donc davantage en confiance pour m'embêter : il m'annonce faire un dossier contre moi pour harcèlement, il note mes moindres faits et gestes…
Je signale cette situation à la responsable RH.
La direction n'en tient toujours pas rigueur.
Bernard se sent intouchable.

La situation atteint un point de non-retour lorsque je découvre avec horreur qu'il a fouillé mon bureau et pris des photographies de mon bureau et de mes affaires.
Dans sa lâcheté il a fait l'erreur de mettre les photographies de son méfait sur notre serveur qualité… Je m'empresse donc d'envoyer les photos à la RH. Cette fois il faut faire quelque chose !

Niveau santé, cette situation m'a mise au plus mal : je découvre les photos alors qu'il est dans le bureau juste en face de moi. Je suis tétanisée par l'ampleur de sa méchanceté. Je prends l'initiative de voir un psy, j'ai besoin d'aide.

Bernard et moi sommes convoqués plusieurs jours plus tard par la direction.
L'attente pour moi a été insoutenable.
L'objectif de ce RDV était de comprendre pourquoi Bernard a fait cela.
Le problème : Bernard nie que c'est lui qui a pris les photos. Il m'accuse d'un coup monté puisque les photos sont sur le serveur qualité.

Le service informatique intervient pour remonter l'adresse IP du PC qui a mis les photos sur le serveur qualité.
Il s'agit de celui de Bernard. Il nie et m'accuse de m'être connectée à son poste.
Heureusement, le service informatique précise l'heure et la date de connexion : 7h35 un lundi.
Bernard et moi prenons notre poste à 8h. Bernard nie partant de ce constat.
La RH, et Bernard ne le sait pas, a accès aux enregistrements de nos heures d'entrée et de sortie du site et cela sur plusieurs mois. Le service informatique consulte donc l'historique de la badgeuse pour identifier qui de Bernard ou moi étaient sur site à cette heure et à cette date-là.
Bernard a badgé à 7h20, j'ai badgé à 7h55.

Bernard nie et accuse un autre collègue ainsi qu'une chargée d'administration des ventes présents tous les deux ce matin-là. Nous sommes dans une impasse. La confrontation se clôture sur les mensonges de Bernard.

Ce jour-là, mon médecin me met en arrêt maladie. Je n'ai jamais été en arrêt maladie mais ma gastrite est au plus haut. J'ai carrément un traitement anti-ulcère.

Pendant mon arrêt, je reçois une lettre en AR de ma direction : mon comportement durant la confrontation a été irrespectueux vis-à-vis de Bernard et mon comportement belliqueux doit s'arrêter.
C'est le monde à l'envers. Cette lettre est un mensonge. J'étais si mal pendant la confrontation que j'avais des difficultés à parler (j'avais le vomi au bord des lèvres tout le long à cause de ma gastrite…)

Je reviens au travail encore plus dépitée…
J'y rencontre mon nouveau responsable qualité : il s'agit d'un collègue d'un autre service, que je connais bien, et qui m'accueille d'un magnifique « si j'avais dû choisir entre toi et Bernard, je l'aurais choisi lui ! ». La base est posée : en mon absence la direction a imposé à Bernard de ne plus rentrer en contact avec moi et de travailler dans le bureau du contrôleur qualité. Pour mon responsable, j'étais celle à la source du problème.

Je décide de montrer la lettre en AR à un ami délégué syndical.

Il me donne une explication : Bernard se vante d'avoir gagné au prud'homme face à son ancienne boite, et notre RH ayant fait des boulettes avec les contrats de Bernard lorsqu'il était en intérim ils ne peuvent rien lui dire, de peur qu'il ne fasse de nouveau jouer son avocat. C'est donc à moi de porter la responsabilité de cette situation.
La direction veut me faire partir, c'est beaucoup plus simple pour eux.

Je cherche donc ailleurs : impossible pour moi de continuer à travailler dans ces conditions.

C'est à ce moment précis que mon futur chef entre en contact avec moi : il souhaite m'embaucher dans son service Bureau d'Etudes.
La décision est très dure à prendre pour moi : le boulot est complètement différent, il est inédit pour moi et surtout je ne me sens pas capable d'être à la hauteur du poste.
Je demande un délai de réflexion.
C'est Nicolas qui me pousse à prendre le poste en me disant que j'ai des capacités et que je dois prendre confiance en moi.

J'accepte le poste. La direction fera tout pour s'y opposer.

Mon nouveau chef est top : il est juste, rigoureux et j'ai confiance en lui. Après avoir connu 6 responsables différents je sais identifier un bon chef quand j'en vois un !
Son seul défaut est d'avoir davantage confiance en moi, que moi. Il me pousse. J'ai le sentiment qu'il me met sur un piédestal.

Sur certains sujets il aime me dire « prends confiance en toi, tu es capable ! » mais je ne le crois pas.
J'apprécie beaucoup mon responsable, mais des fois, il m'énerve : Il aime pousser les gens dans leurs retranchements.

Par exemple, si j'ai le malheur de laisser échapper un petit « raaa mais que je suis con ! » il va me répondre « ha non Christelle, je ne suis pas d'accord pour entendre ça ! ». Là il va prendre exemple sur le dernier dossier en date et me demander d'identifier la personne qui a trouvé l'erreur dedans.
« Moi ». Il va donc enchaîner sur « et ce dossier, qui l'a réalisé ? », je réponds généralement que c'est un responsable.
Alors, Pierre, fière de m'avoir amené moi-même à la conclusion me rétorque « Christelle, tu as plus de capacités que ce responsable, ce n'est même pas ton métier et tu as relevé des défaillances dans son rapport, crois-tu vraiment être si nulle ? ».
Je déteste quand il procède de cette manière.
Je sais que si je trouve des erreurs c'est uniquement par chance.
Ces exemples ne veulent strictement rien dire.

Pierre se rend compte que je n'exploite pas mon « potentiel ».
Il souhaite que je me lance davantage. Et m'y encourage.
Lorsqu'il me parle en me disant que je suis capable, que j'ai déjà fait mes preuves et que je dois ouvrir les yeux sur ma valeur, j'ai envie de pleurer : personne n'a jamais autant cru en moi ! « Serait-ce vrai : je ne suis pas si bête ? ». Très vite, le naturel revient au galop : je suis persuadée que Pierre se trompe à mon sujet.

C'est horrible car au moment où il va s'en rendre compte, il va être très déçu.

Un jour Pierre me demande quel est mon leitmotive dans la vie. Je suis incapable de répondre... Il me demande ensuite si je me connais vraiment ?
Il doute de mes réponses : pour lui je me fourvoie.

Pierre se rend également compte que je stresse très facilement. Il me donne des outils pour identifier et contrôler les situations qui me stressent.
Je gagne en autonomie et en efficacité grâce à lui.

Un jour où Pierre m'encourage davantage je réussis l'exploit de tenir tête à un fournisseur. Pierre m'aura donné le courage de le faire en me disant ceci : « Mais Christelle, arrête d'être soumise en permanence ! Tu as ton libre arbitre ! Ne te laisse pas faire si tu es dans tes droits !
Christelle, le plus important est de rester juste. Es-tu juste ? Oui ! Et bien n'aies pas d'état d'âme et aies confiance en toi ! ».
Ce fournisseur a l'habitude de me mener en bateau, j'en ai toujours eu conscience mais je n'ai jamais osé l'affronter. En temps normal, c'est Pierre qui prend le relais pour expliquer la vie au fournisseur qui finit toujours par admettre ses torts.
Ce jour-là lorsque ledit fournisseur tente de m'embobiner je réponds « Non, je ne suis pas d'accord ! » puis « non, vous ne répondez pas à ma question » ou encore « je suis cliente, vous n'avez pas à me parler ainsi ! ». Le fournisseur finira par

s'excuser et admettre que la situation est inadmissible pour un client et il s'engage à y remédier.
C'est supposé être une grande victoire pour moi. Seulement, lorsque je raccroche avec ce fournisseur, au lieu d'être satisfaite de moi, une crise d'angoisse me prend. Cette crise, aussi incontrôlable qu'inexpliquée laisse mon chef et moi perplexes.

Pourquoi ?

CLAUDE

Aujourd'hui, ma sœur vient me voir avec ses filles à l'appartement sur Domont.

Je suis heureuse de la voir, avec la crise sanitaire, son absence me pesait de plus en plus.
Recevoir en plus la visite de mes deux nièces me réjouit.

Cette visite avait pour but d'échanger de nos nouvelles et de profiter l'une de l'autre.

Une chose en entraînant une autre je témoigne que la veille, alors que j'étais en pleine séance, mon psychiatre a eu une réaction particulière : En écoutant les détails de mon passé, mon interlocuteur s'est mis à pleurer… il n'a pas pleuré comme un enfant pleurerait, mais en silence. Il avait les yeux remplit de larmes.

Devant cette réaction, mon psychiatre s'excuse, et justifie son geste par une phrase que je ne mesure pas immédiatement : « des choses dures, j'en ai entendu, j'ai des patients qui ont des vécus bien plus horribles, mais là, ce que j'entends me bouleverse… » et de conclure par ces mots « vous êtes une femme formidable d'en être là aujourd'hui ».
J'explique à ma sœur avoir ressenti à ce moment précis un sentiment nouveau : la confirmation d'avoir vécu un passé anormal.

Cette prise de conscience a déclenché chez moi une réaction que je n'arrive toujours pas à expliquer : en sortant du cabinet et pendant au moins deux heures j'ai pleuré… j'ai pleuré toutes les larmes de mon corps, à ne plus pouvoir respirer, me tenir debout ou avancer.

Je conclus mon expérience à ma sœur en lui demandant : Comment est-il possible d'avoir laissé faire ? Pourquoi personne n'a jamais réagi ?

La réponse d'Aurore est sans équivoque : « Mais Christelle, nos parents sont lâches ! Rappelle-toi de Claude »

Moi : « Qui est Claude ? ». Ce nom me parle vaguement mais sans plus…
(A ce moment précis, mon corps commence à s'éveiller)

Aurore : « Mais Christelle, c'est celui qui a agressé maman quand nous étions petites, on est parti en vacances avec lui et sa femme ! Tu ne te souviens pas de lui ? »

Moi : … (un sentiment de stress m'envahi)

Aurore : « Christelle ! Claude est un pédophile ! »

A ce mot : son visage, le souvenir de sa femme, l'image de sa femme me reviennent.
Puis d'autres maux remontent en moi, des maux bien connus : la nausée, la peur…

L’envie me prend, je me sens mal, je suis chez moi et je vais devoir aller vomir devant mes nièces, ma sœur.
Je regarde Aurore, ses lèvres bougent, je la vois parler mais je n'écoute plus rien je n'écoute que mon cœur qui me dit que je suis en danger, qu'il y a un problème, et que je vais vomir.

Le vomi au bord des lèvres, je préviens ma sœur et lui conjure d’arrêter de parler…

Elle s’arrête, me regarde et me dit « ton corps fait diversion ».

Il s’agit d’une diversion, d’un moyen de défense puisque effectivement nous touchons un sujet sensible.
Cependant, ce fameux sujet sensible, je ne sais pas l’identifier, j’ai conscience que ces souvenirs m'inquiètent, mon corps m'a parlé.

Comme on dit dans le jargon : il y a anguille sous roche !

Aurore s'en va, nous sommes samedi, je passe la soirée à réfléchir.
Pourquoi ? Pourquoi suis-je dans cet état-là ? Pourquoi avais-je oublié cette personne ? Pourquoi son souvenir m’inquiète ?

Au moment de me coucher, un conseil d’Aurore, donner il y a plusieurs mois, m’interpelle.
Son conseil est de me coucher toujours l'esprit clair et léger, en demandant à mon inconscient de me montrer ce qu'il me cache.

Je suis prête à affronter ma peur, et en me couchant ce samedi soir, je demande à mon inconscient de me montrer ce qui s'est passé et pourquoi j'ai un sentiment d'insécurité.
Je me couche confiante, sereine, dans le noir.

Là je fais ce cauchemar, je dors et j'entends que quelqu'un réussit depuis l'extérieur de mon appartement à ouvrir le verrou de la porte d'entrée…
Bien évidemment je me réveille en sursaut, mais pas plus inquiète que ça, je relativise et me convaincs que c'est très certainement mon chat qui a joué avec les verrous pendant mon sommeil (puisque bien évidemment Fripouille est la reine pour jouer avec les verrous et faire du bruit la nuit) je me lève par reflexe, je vérifie que la porte est bien fermée. Elle l'est.

Je me rassure car dans mon esprit le stress est toujours un peu présent.
J'entends les voisins du dessous qui font du bruit, et cela me rassure davantage : je ne suis pas seule !
Je me recouche et me rendors.
J'oublie tout de ce cauchemar qui est derrière moi.

Dimanche matin je me lève, tout va bien.
J'ai toujours ce sentiment d'absence de réponse, d'inaccomplissement, il me manque quelque chose… quoi ? Je ne sais pas.

Je passe une journée formidable avec mes amis et Sébastien.

Je me couche, libre, sereine à 22h45 -23h.

Mon cauchemar me reprend mais cette fois, il me terrorise : mon cauchemar ce n'est pas un homme, c'est l'ombre d'un homme, (l'ombre d'un homme grand pas forcément plus costaud que la moyenne mais costaud quand même) qui rentre dans ma chambre et qui se tient au-dessus de moi pour me faire du mal.

Ce cauchemar me met en situation de panique, moi, qui suis une psychopathe extrêmement rigide, je me couche toujours dans un lit fait au carré avec la couette bien bordée, je réagis en lui jetant la couette de 2m de long avec mes pieds tout en hurlant.

Mon cri associé à mon geste me réveille.

Je me jette sur la lumière j'allume… mais…personne, il n'y a que ma couette, par terre au pied du lit.
Personne n'est dans la chambre.
La panique me gagne : c'est un signe, c'est pire que ça : il n'y a pas que moi ici !

Je me lève, je vérifie : la porte est fermée à clef. Je fais le tour du salon : il n'y a personne. Je vais dans la cuisine : il n'y a personne. Je vais dans la salle d'eau : il n'y a personne. Je regarde dans le cellier : il n'y a personne. Je vais dans la chambre d'amis : il n'y a personne. Je regarde dans les toilettes il n'y a personne.

Je refais le tour en regardant cette fois derrière chaque porte pour confirmer que personne n'y soit cachée.

J'ai peur et je m'attends, à tout moment, à ce que quelqu'un surgisse et m'attaque.
Je fais le tour de l'appartement, je suis hyper transpirante, j'ai la respiration haletante, j'ai peur. Mon cœur bat la chamade tellement fort que je me sens obligée de mettre ma main sur ma poitrine pour le retenir s'il venait à sortir de mon corps.
Mais je ne trouve personne.
Je réalise que le dernier endroit à vérifier est sous mon lit… je prends mon courage à deux mains, je me parle à moi-même pour m'encourager, et je le fais : je regarde sous mon lit. Rien.

Je cherche à me convaincre que ce n'est rien, il s'agit juste d'un cauchemar.

Mais cette personne existe, elle était vraiment là !

Mais non ! C'est moi qui fabule elle n'était pas là c'est un cauchemar, extrêmement réaliste, mais c'était un simple cauchemar.
Je ramasse ma couette et je remonte dans le lit avec la lumière toujours allumée. Il est 23h55.

Allongée dans le lit la panique me reprend : je n'ai plus de vue sur la porte de ma chambre et je suis persuadée, je sais, que la personne va revenir, pour me tuer.
Je ne peux pas me rendormir, je ne peux pas être en position allongée dans mon lit, je suis accroupie et j'essaie de canaliser ma peur.
C'est impossible.

Je m'interroge sur qui était-ce ? Qui est cette personne ? C'était une ombre !
Qui est cette personne dans ma chambre et dont j'ai particulièrement peur ? Qui est-ce ?
Je reste ainsi pendant des heures et des heures à ne pas pouvoir me rendormir.

Je suis fatiguée mais je ne peux pas éteindre la lumière, je ne peux pas me coucher, je ne peux pas m'allonger, le seul sentiment qui prédomine chez moi est la panique. Même ce mot n'est pas assez fort pour exprimer honnêtement l'état dans lequel je suis. Il n'y a pas de mot assez fort.

Je rallume mon téléphone portable, je vais sur WhatsApp pour voir s'il y a des personnes qui sont connectés pour parler.
Il est exactement minuit pile.
Je m'attends par exemple, à ce que Sébastien soit connecté (Il est souvent connecté bien après minuit).
Il ne l'est pas, Sébastien non connecté à minuit : c'est le destin !

Je suis seule, seule face à mon propre démon.

Je décide d'écrire un message à ma sœur, lui demandant de m'appeler quand elle sera disponible.
J'essaye de relativiser, de prendre sur moi, mais la peur est toujours présente. La Peur.
Je veux me persuader qu'il ne s'agit que d'un simple cauchemar... mais mon raisonnement est erroné, c'est faux : il ne s'agit pas d'un simple et classique cauchemar : il était vraiment là !

C'est la peur inexpliquée que je n'arrive pas à comprendre.

Je n'y arrive pas.

Je ne veux pas m'allonger, dès que je m'allonge, il revient, même avec la lumière allumée.

Je décide de surfer sur Internet. En effet, ce sentiment de peur n'est pas normal, pourtant je sais que je l'ai déjà fait ce cauchemar… ce démon je le connais.

Sur internet je me rends compte que cette situation n'est pas inconnue, cela existe ! Il existe même des personnes qui vivent des expériences encore plus flippantes que moi.

Partant de ce principe : je ne suis pas seule, il existe donc des solutions.

Une psy, justement, expliquait que pour vaincre ce cauchemar il faut revivre la scène en intégrant un élément extérieur qui vient prendre ma défense. Elle donnait l'exemple de faire intervenir superman pour faire fuir l'ombre en l'attaquant.

J'approuve cette idée, il est 3h du matin, je dois dormir !

Je choisis donc de mettre en place un système de défense si jamais il revient, et je savais très bien qu'il allait revenir.

Je souffle et je réfléchis : superman ce n'est pas mon idée, cela ne vient pas de moi, je n'adhère donc pas pour reprendre cet élément de défense.

Je réfléchis et me tourne vers Fripouille, je me souviens qu'elle est venue me voir immédiatement après mon horrible réveil

pour me faire un câlin et respirer mon visage. Elle a senti mon mal être.
Je réalise que s'il revient : je transforme Fripouille en panthère et elle l'attaquera à la gorge et le dégommera !
Cependant, ma peur étant particulièrement forte, je sais que cela ne suffira pas.
Je dois trouver autre chose de complémentaire.

A l'emplacement où il se tenait dans ma chambre, juste à côté de lui il y a un cadre, dans ce cadre, il n'y a pas n'importe quoi : c'est mon animal favori, un éléphant.

Je vis entourée de photos et de figurines d'éléphants.

Je visualise donc l'éléphant qui sort du cadre : Il commence par sortir sa trompe, avec laquelle, il bloque le corps de l'homme, puis il sort tout entier du cadre et il défonce l'agresseur, il lui marche dessus, il le fait sortir de la chambre, il le fait sortir du salon, il le fait sortir de mon appartement.
L'éléphant empêche l'homme de m'attaquer, mais surtout, il le met hors d'état de nuire en le faisant sortir de chez moi.

Je laisse la lumière allumée, je visualise plusieurs fois cette technique, comme une chorégraphie à apprendre par cœur.

Je finis par m'endormir, toujours lumière allumée.
Je m'endors et mon cauchemar reprend… il est là et se tient debout au-dessus de moi. Il me veut du mal.
Mais la ni une ni deux, tout en me mettant debout sur le lit je crie « non ! non ! non ! non ! nonnnnnn !!!» mais aucun son ne sort de ma bouche… je crie mais rien ne sort !

Miraculeusement, j'arrive à crier « j'appelle les éléphants ! J'appelle les éléphants ! ».

Je suis debout sur le lit, je réalise que j'arrive à peine à ses épaules.

Son épaule… j'ai le courage de la saisir de la main droite et de ma main gauche je donne un premier coup de poing.

Premier coup de poing : dans la tête de l'ombre qui laisse place au visage de Claude.

Deuxième coup de poing : dans la tête de Claude qui laisse place au visage de sa femme.

Troisième coup de poing : dans la tête de sa femme.

Lorsque je donne le troisième coup de poing je réussis enfin à dire cette phrase, libératrice : « j'ai dit NON ! » le non sort enfin et l'ombre se volatilise.

Je me réveille de ce cauchemar extrêmement sereine : j'ai gagné !

Le lendemain, lundi, je suis en télétravail, j'ai une gastrite mais je ne pense pas avoir été aussi heureuse, libre, voire en sécurité depuis longtemps.

J'avais un poids sur les épaules. Mais je ne l'ai plus.

Pourquoi ?

POURQUOI ?

Après cette nuit riche en émotion j'en déduis que Claude est, depuis toujours, la source de mes angoisses. C'est comme une évidence qui était en moi depuis le début.

Les souvenirs lointains reviennent.

Ce cauchemar ne m'est pas inconnu. Au collège déjà j'ai souvenir de faire ce même « cauchemar » : je suis seule chez moi dans la maison de Bouffémont. Alors que je suis dans ma chambre, j'entends une personne, un homme qui monte, tout doucement, lentement, à pas feutrés, les escaliers de la maison, il vient pour me tuer.
Ma chambre donne sur la rue, la haie des voisins est accessible depuis ma fenêtre. Ainsi, à chaque fois, je m'enfuis par la fenêtre et quitte la maison avant que la personne ne m'attrape.
Je ne vais jamais au même endroit. Une fois je me cache au bout de la rue dans l'aire de jeu, une autre je me cache derrière la voiture du voisin, ou encore je vais me cacher dans le local poubelle de la résidence voisine… jamais l'ombre ne sort dehors me chercher. Une fois hors de la maison et à distance raisonnable : je suis en sécurité.

Au lycée ce cauchemar était également présent : il commençait toujours pareil mais les cachettes variaient. Je me souviens réussir à me cacher dans une autre maison ; chez mes voisins au bout de la rue, j'y arrive en passant haie par haie. Une autre fois je m'enfuis vers la gare et je me cache dans le tunnel souterrain.

Je réalise, honteusement, qu'en vacances, adolescente, ce cauchemar m'a fait faire pipi au lit… Je comprends que c'est suite à cet épisode que j'ai développé un reflexe : je vais faire pipi environ trois fois au moment de me coucher… si 10 minutes après être rentrée dans le lit je ne suis pas endormie : je retourne au WC.

Cependant, cette nuit, je l'ai affronté et je l'ai vaincu !

J'ai le sentiment d'avoir un poids en moins sur les épaules. Je suis comme sur un petit nuage toute la journée du lundi.
Au moment de me coucher, lundi soir, malgré ma victoire, je n'arrive pas à éteindre la lumière pour dormir. J'ai toujours peur. Je dors donc lumière allumée.
Le lendemain, mardi, j'ai conscience que la situation n'est pas normale, mais je n'arriverais pas à dormir dans le noir immédiatement, Je passe donc commande sur Amazon d'une veilleuse.
En attendant la livraison de la veilleuse je trouve un compromis : j'installe le modem dans ma chambre pour la nuit. Le modem est rétro éclairé et, la chambre étant petite, il me sert de veilleuse.
Je la reçois justement le jeudi.
Je ne dors pas paisiblement pour autant. La peur, irrationnelle, est présente tous les soirs.
Je prends l'habitude d'ouvrir la porte de mon armoire avant de me coucher : La porte de l'armoire est entre la porte de la

chambre et le lit. Ainsi, si une personne rentre elle ne pourra pas passer de ce côté-là !
Le moindre son, le moindre craquement me réveille en sursaut. Les premières nuits je dors avec la main sur le bouton de la lumière de ma table de chevet.
Je me réveille souvent, à l'affut.

Au travail, je réalise une chose : je mets un mot sur les émotions, sentiments qui me bridaient avant, sans que je ne m'en aperçoive. LA PEUR.
Depuis 32 ans je vis avec elle, en moi, sans l'avoir reconnue. C'est elle qui m'empêche de dire les choses, c'est elle qui m'empêche de tenir tête aux autres alors que j'ai raison, c'est elle qui me rend vulnérable, c'est elle qui me domine et me contrôle.

Seulement, prendre conscience de cette réalité, et du sentiment de peur qui me fige ont un effet pervers : la peur ayant été identifiée, devient davantage légitime et ressort, comme décuplée.

Par exemple, mon collègue Alain, dont le bureau est à 5 mètres du mien, et que j'adore, a failli tomber de sa chaise. En régissant brusquement pour se rattraper, il m'a fait sursauter, ensuite je me suis mise à avoir le cœur qui palpite.
Alain de dos n'a rien remarqué. J'étais au bord de la crise d'angoisse… J'ai réussi à relativiser et à me calmer.
J'ai compris que ma peur avait retrouvé sa liberté d'expression : avant, je n'aurais pas réagi, la peur aurait été là,

invisible, elle m'aurait bloquée sur place, sans m'en rendre compte.
Pour pousser le vice plus loin, je prends la décision d'aller voir Alain à son bureau. Je veux voir si j'ai peur ! Alors que je parle avec Alain, la peur m'envahit, mais je la maitrise : Alain ne m'a jamais fait de mal, il ne m'a jamais brusquée, de plus j'aime beaucoup Alain car on parle souvent de nos chats. La peur n'est donc pas logique. Je la dompte enfin.

Le lendemain, jeudi soir, j'ai équitation. Je monte Léonardo, un jeune cheval, plutôt grand, dont je n'ai pas l'habitude de monter. Je suis donc un peu stressée lors de la séance.
La séance se passe bien.
Au box, après avoir descellé Léonardo et l'avoir brossé je m'approche de son encolure pour m'y lover. L'instant est indescriptible : la peur qui vit en moi disparait. Je suis libre. Epanouie, légère. Je reste ainsi un bon moment.

Lorsque je sors du box, mes amies Emeline et Hélène me demandent de mes nouvelles. (Nous sommes fin février et depuis décembre j'ai mis fin à ma relation amoureuse avec Sébastien. Sébastien était l'homme de ma vie mais sa peur de l'engagement nous empêchait d'avancer dans la même direction. Cette rupture est très difficile à vivre pour moi, les filles le savent et me soutiennent).
Je leur réponds que je vis des choses étranges que je n'arrive pas à verbaliser et que je décide donc de mettre par écrit dans un livre.
Hélène me répond, mais je ne l'écoute pas, je me concentre sur le sentiment qui est revenu dès que je me suis trouvée face à

elles : la peur. J'applique la même méthode qu'avec Alain : je relativise. Hélène est un amour qui ne m'a jamais blessée, Emeline me fait penser à Aurore. Ma peur est domptée !
Au moment où je le réalise je souris, c'est le moment que choisit Hélène pour conclure « tu es courageuse ! ». Je me promets de leurs faire lire mon livre et de le publier à ce moment précis.

Le week-end arrive. Vendredi soir je me couche à minuit passé. Logiquement, je vais dormir jusqu'à 14h, au moins. Ayant des invités le midi je mets le réveille à 11h en espérant ne pas être trop KO. Au pire, je me rattraperai dimanche en faisant une grosse gras mat'.
Je me réveille à 7h44. En grande forme. Impossible de me rendormir : je ne suis pas fatiguée.
La même chose se reproduit dimanche. Je me lève, en grande forme à 8h.
Lundi matin je suis même réveillée avant mon réveil pour le boulot.
Je dors toujours avec ma veilleuse, mon sommeil est toujours léger, mais je n'ai plus besoin de dormir des heures et des heures…
Que dois-je en déduire ? Claude aurait fait de moi une victime ?

Je dois avoir du recul. Au fond de moi, Claude résonne comme la pièce manquante d'un puzzle qui me permet d'ouvrir les yeux sur qui je suis. Mais cela ne veut rien dire.

Je sais par Aurore, qu'un enfant peut interpréter un geste ou un regard comme un danger.
Je sais par mon psy qu'un enfant, en étant témoin d'une agression peut mal le vivre et l'assimiler aussi à un danger.
Je sais aussi que je suis une flippée de la vie depuis toujours, donc tout cela ne veut rien dire.
Je fabule ?

Afin de clarifier la situation, j'appelle ma mère et lui expose les faits.
Maman est catégorique : Je n'ai assisté à aucune agression. Claude ne m'a jamais rien fait. Je n'ai jamais été seule avec lui. Nous ne sommes jamais partis en vacances avec lui. Il voulait uniquement nous vendre sa caravane… Maman me conseille d'installer une porte blindée chez moi si j'ai peur d'être agressée dans mon sommeil.
Cette conversation, même si elle vient de ma mère, ne me conforte pas à 100%. Je ressens au fond de moi un sentiment de non-dit.

Une alternative s'offre à moi : l'hypnose ayant été efficace pour faire correctement le deuil de ma grand-mère, je fais le choix de renouveler l'expérience.

Mon hypno-thérapeute et moi sommes d'accord sur deux choses : rien n'est sûr, mais il faut creuser sur le moment de mon enfance qui est à la source de ces cauchemars et de cette peur, si mon inconscient est d'accord.

La séance d'hypnose commence.

Je suis consciente mais ce n'est pas moi qui agis. C'est mon moi intérieur. Ce moi intérieur me laisse l'image d'une petite Christelle.
A l'aide de l'hypno-thérapeute, petite Christelle nous ouvre des portes d'ascenseur sur des souvenirs. On commence à mes 30 ans.
On descend de plus en plus bas, 20 ans, 15 ans. Arrivée à mes 7 ans je retrouve des amis d'enfances oubliés. Pourtant, les souvenirs sont heureux. J'y passe plus de temps, j'y suis bien. Mounir et Rudy me font rire, ils font rire la petite Christelle. Leur souvenir me réchauffe le cœur.

A l'âge de 5 ans, l'atmosphère change. Je suis seule, dans la cours de maternelle. Je dois sortir dehors, mais je ne veux pas : l'ombre est dehors et m'attend. Je veux retourner dans l'école, mais elle est fermée à clé. J'ai peur mais tant que je reste dans la cour : je suis en sécurité.
Petite Christelle cherche Aurore. L'hypno-thérapeute me suggère que nous retournions dans l'ascenseur pour aller sur mes 4 ans.
Petite Christelle ne veut pas. Elle reprend les choses en mains et nous remontons dans l'ascenseur pour remonter les années.

Mais une fois dedans, en sécurité, petite Christelle change d'avis ... Elle dit « grande Christelle a besoin de moi pour savoir ! On doit y retourner pour lui monter ».

Comme pour se donner du courage, elle retourne voir Rudy et Mounir. Rudy l'a fait rire car il ne connait pas ses tables de multiplications et raconte des bêtises.

Tout va ensuite très vite : Petite Christelle retourne dans l'ascenseur, pleine de courage elle appuie sur des années qu'elle ne voulait pas montrer, tout va si vite, la porte de l'ascenseur s'ouvre à la volée sur l'ombre. Comme si cette ombre attendait depuis le début qu'elle sorte de l'ascenseur, à cet étage.
Nous sommes pris au piège.
L'ombre balade ses mains sur le corps de Christelle. Elle est debout, en robe. L'hypno-thérapeute lui demande qui est cet homme. « C'est le vieux qui pique et qui put ». Soudain il soulève sa jupe, passe sa main entre ses cuisses, il la caresse, puis tente de lui arracher sa culotte.
La panique me sort de mon hypnose.

Une crise d'angoisse surgit. Je n'arrive plus à respirer, j'hyper-ventile, cette image de sa main énorme sur mes petites cuisses me saute au visage comme pour justifier mon état.

L'hypno-thérapeute me calme. Je m'apaise enfin. J'ai le sentiment d'avoir fait un mauvais rêve.
Une envie de vomir s'empare de moi. Je veux exprimer mon mal être à mon hypno-thérapeute mais le son qui sort de ma bouche m'arrache la gorge. J'ai l'impression d'avoir perdu ma voix.

L'hypno-thérapeute m'explique que j'ai crié tellement fort que je me suis abimée la voix.
Elle m'explique que nous n'irons pas plus loin dans les souvenirs, c'est inutile nous avons eu un aperçu suffisant.
Il faut maintenant travailler sur la guérison.

Je rentre chez moi et je demande à Seb de me rejoindre pour la nuit : l'hyno-thérapeute ne souhaite pas que je dorme seule cette nuit. Les souvenirs pourraient remonter.

Je dors sereinement dans les bras de Sébastien. Aucun souvenir ne remonte.
Le lendemain matin, à mon travail, certaines images me reviennent. Des choses remontent à la surface.

Les images ne sont pas les seules à être présentes : une immense colère est en moi.
Cette rage m'oppresse la poitrine. La colère me bouffe de l'intérieur.
Je ne ressens pas l'envie de parler mais de hurler.

Sur la route en rentrant du boulot je réalise que si une personne me rentrait dedans en voiture cela ne me dérangerait pas. Un conflit me permettrait de « me lâcher » sur l'autre.

Puis je réalise : j'ai été un punching-ball. Je sais ce que ça fait : jamais je n'infligerai cela à quelqu'un.
Je pleure, de rage, de honte, de haine.

Le soir, au moment de me coucher (Seb est parti à ma demande : Il sait que j'ai besoin de temps, seule.) je ne mets pas ma veilleuse : Ma rage est si immense qu'elle me protègera si besoin.

Je dors magnifiquement bien ! Le plus dure est maintenant derrière moi. Après 3 semaines à l'utiliser je sais que je n'aurai plus jamais besoin de veilleuse.

ELEMENTS DE REPONSE

Afin de comprendre comment il est possible d'en arriver à une telle situation voici les éléments à savoir :

En premier lieu :

Contrairement aux idées reçues, les pédophiles ne sont pas exclusivement attirés par les enfants : 93% d'entre eux ont des rapports sexuels avec des adultes.
Les pédophiles sont essentiellement dans l'entourage proche de leurs victimes.
Ils sont stigmatisés, notamment par les médias, qui leur confèrent une image de monstre. Ce sont effectivement des monstres, mais pas physiquement ou psychologiquement : tout le monde peut être pédophile. Ils ne sont pas exclus de la société. Ils en font partie.
Un pédophile cible essentiellement les enfants vulnérables, qui n'ont pas la capacité de se défendre. Ils gagnent d'abord leur confiance avant de les agresser.

Lorsqu'un monstre agit : la victime ne peut pas réagir. Ce n'est pas de sa faute. Confronté à la violence et à l'incompréhension, l'enfant se retrouve paralysé physiquement et moralement.

L'explication à ce mutisme est scientifique : le taux de sécrétion de l'hormone de stress, qui permet de réagir, est régulé par le cortex.
Le cortex est immature chez les enfants.

Ainsi, un enfant violenté ne peut réguler sa concentration en hormone de stress qui pourrait le pousser à réagir (fuir son agresseur, crier, se débattre…).

Cette situation provoque pour l'organisme un état de stress extrême : le cerveau commence à être intoxiqué par le taux élevé d'hormone de stress, pour y survivre, le cerveau doit mettre en stand-by son circuit émotionnel (c'est la dissociation) voire son circuit de la mémoire (c'est l'amnésie traumatique). L'enfant devient un robot sans disque dure.

La dissociation est un vrai piège pour la victime : sa déconnexion le rend encore plus vulnérable, l'agresseur en fait ce qu'il veut. Manipuler un robot est chose aisée. Cela devient un cercle vicieux.

Afin d'éviter de déclencher la mémoire traumatique (et donc de permettre à l'enfant de se souvenir) le cerveau de l'enfant va mettre en place des systèmes de compensation : il s'agit de diversion et de contrôle.
Cela peut prendre la forme de phobie, voire de TOC.
Il est aussi possible que certains enfants soient prédisposés à certaines addictions une fois adultes : les alcools et les drogues maintiennent la mémoire traumatique en l'alimentant.

L'amnésie traumatique peut durer des années : plus la victime est jeune et plus l'amnésie est forte.

La partie du cerveau qui traite la mémoire est l'hippocampe. Cependant, lorsque le cerveau se met en stand-by, la mémoire

associée pendant cette période ne peut être traitée par l'hippocampe.
Cette mémoire traumatique agit ensuite comme une intrusion sur le cerveau reconnecté.
Cette intrusion va provoquer chez les victimes une terreur permanente qui est envahissante et épuisante.
Cela peut notamment perturber leur apprentissage, leur scolarité et déclencher des troubles cognitifs.

La mémoire traumatique peut revenir dans certains cas de figure : Avec la disparition de la dissociation (possible lorsque la victime est enfin en sécurité) ou quand une situation (odeur, sensation, lumière…) lui rappelle les souvenirs.

La mémoire traumatique peut donc être rallumée des heures, des jours, des mois ou des années plus tard.

En second lieu :

Dans l'enfance il existe cinq drivers qui servent de « base » une fois adulte (ces vecteurs influencent inconsciemment notre comportement d'adulte) : Sois fort, Sois parfait, fais plaisir, fais des efforts, dépêche-toi.
Idéalement, ces cinq vecteurs doivent être équilibrés, mais il arrive de manière générale que des adultes se construisent avec 3 voire 2 drivers prédominants.
Identifier ces drivers dominants permet de nous comprendre davantage et de travailler dessus afin de rétablir un bon équilibre.

J'ai réalisé un test pour identifier mes drivers dominants : Le « fais plaisir » est en pôle position de mes drivers.
Trois autres sont complètements absents et j'ai déjà oublié celui qui arrive en deuxième position.
La conclusion est cohérente avec l'ensemble de mon passé et de mon présent : mon leitmotive est uniquement de faire plaisir. Je ne me positionne pas en tant que personne à part entière qui peut faire ces propres choix.
Je prends mes décisions en fonction de l'attente des personnes en face de moi. Je vis et m'adapte en fonction des autres, leurs faire plaisir, me fait plaisir.
Je comprends maintenant pourquoi j'ai constamment un besoin de reconnaissance et pourquoi j'accorde autant d'importance à l'opinion que les autres peuvent avoir de moi.

<u>Pour finir :</u>

Je suis pleine de vie, toujours trop positive : Je pense qu'il s'agit d'un moyen de défense pour moi.
Accepter la situation, telle qu'elle est, semble trop compliqué pour moi. Je dois y ajouter de la légèreté pour passer outre. Cela me permet très certainement de temporiser.

Ma passion : Il est reconnu que les chevaux jouent un rôle thérapeutique. Je pense que le contact avec eux est un exutoire pour moi : les chevaux font éponge à mes maux.
Je pense aussi qu'inconsciemment je savais que les chevaux ne me feraient jamais rien car petite, alors que j'étais prédisposée à être vulnérable, ils ne m'ont rien fait.

J'ai tendance à tout exagérer : Je pense qu'en exagérant les faits simples je cherche à convaincre mon auditoire et à donner une légitimité à mes propos. C'est tout le paradoxe de mon passé : J'ai exprimé les choses mais on n'y a pas cru. A l'époque, j'en ai conscience, ma dyslexie a joué un rôle important : j'ai très certainement mal exprimé la chose, pour moi c'était très claire mais pas pour mes parents qui n'ont pas pu identifier la gravité de la situation.

Je déteste l'injustice : Enfant je voulais être lieutenant de Police. Je peux affirmer sans erreur que ce choix était motivé inconsciemment par le fait que j'avais été moi-même victime d'injustice. Encore maintenant l'injustice me révolte.

Mon sommeil : J'ai vécu des années avec une peur permanente en moi. Cette peur était présente sans que je ne m'en rende compte. Le fait qu'elle soit enfouie m'usait jusqu'à la moelle, elle prenait toute mon énergie.
Ma peur qui me bloquait me fatiguait.
Maintenant que j'ai conscience de cette peur, elle ne me parasite plus : je dors beaucoup moins.
Là où je me levais difficilement à 14h, maintenant je pète le feu à 8h du matin et je tiens beaucoup plus longtemps la journée.

Coline et François : Je pense pouvoir dire, sans me tromper, que mes réactions disproportionnées vis-à-vis d'eux résultaient de l'expression de ma peur et de ma colère enfouies au fond de moi. Mes deux amis n'ont pas à être les dommages collatéraux de mes maux. Personne ne doit être le punching-ball de l'autre.

Je ne peux que m'excuser de cette situation auprès d'eux et garder en mémoire ces souvenirs pour ne plus jamais les reproduire.

Mes TOC et phobies : Il semble cohérent que ma peur des maladies, des bactéries et mon côté maniaque soient inhérents à l'état de dissociation dans lequel j'étais.

Mes migraines : mes migraines se sont intensifiées suite aux attouchements sur le marché. Cette expérience traumatisante m'a enfermée dans une sorte de mutisme. Je ne faisais qu'encaisser, silencieusement.
Après bon nombre de séances d'ostéopathie la cause de mes migraines a été traitée : je serrais les mâchoires (réduite au silence) et cela se répercutait dans les cervicales pour ensuite créer des dysfonctions et provoquer des migraines.

Sous la douche : Je ne me rends compte maintenant de gestes anormaux : je me lave régulièrement entre mes cuisses. Le geste est maladif : je sais que je n'ai pas besoin de nettoyer à nouveau mais c'est plus fort que moi : j'ai le sentiment qu'il en va de ma sécurité.
Avant je ne faisais pas attention à ce détail. Maintenant que je l'ai identifié, je vais travailler dessus.

Mes gastrites : la définition de la gastrite dans LE GRAND DICTIONNAIRE DES MALAISES ET DES MALADIES est la suivante :

« La gastrite est une inflammation aiguë ou chronique de la muqueuse de l'estomac, ce lieu où commence le processus de digestion.
S'il y a inflammation, il y a irritation et colère par rapport à quelque chose ou à quelqu'un que je ne digère pas. Je ne comprends pas que certaines choses ne se passent pas comme je le voudrais ou que certaines personnes n'agissent pas comme je le désire. Je peux avoir le sentiment d'avoir été trompé, d'être pris dans une situation ou trahi par le silence d'une personne. Je suis irrité par quelque chose que mon système digestif a absorbé et la réalité « digérée » me dérange au plus haut point. Je vis de l'insécurité et je me demande ce qui m'attend. J'ai l'impression que mon monde peut s'écrouler à tout moment. Je suis comme un chien de garde qui est constamment à l'affût du danger. »

Cette définition résume parfaitement mon vécu.
C'est comme-ci mon corps me hurlait depuis toujours la réponse sans que je ne lui porte attention.

Ma dyslexie : Je suppose que mon retard de la parole et mon trouble du langage diagnostiqués dès l'âge de 5 ans étaient les conséquences des actes dont j'étais victime. Petite Christelle ne pouvait exprimer le cauchemar dans lequel elle était.
Je ne pense pas que ça soit le traumatisme qui ait déclenché ma dyslexie mais il l'a accentuée.

ET MAINTENANT ?

Le but de mon travail d'analyse sur ma vie n'est pas la reconnaissance ou la recherche de vérité. J'ai eu besoin d'écrire pour mettre des mots sur mes maux.
Ce livre est mon exutoire.

J'ai dû faire ce travail seule. C'était nécessaire afin de ne pas être influencée mais surtout parce que c'était une épreuve et c'est dans les épreuves que l'on se construit.

Cela fait 32 ans que je vivais sans être moi-même. J'ai toujours eu au fond de moi ce sentiment de manque, de doute. Je ne pouvais pas être moi-même : mon libre arbitre, mon âme et mon corps m'ont été volés par des ordures.
Je me suis fourvoyée toute ma vie. Mais le plus dure est derrière moi et ma vie est encore longue.
Je reprends ma liberté.

Pourquoi ne pas creuser davantage ?

L'hypnose est une impasse : mon inconscient ne souhaite pas me donner tous mes souvenirs. Je fais le choix de ne pas creuser : Cela fait déjà 32 ans que je suis hantée sans le savoir, je dois garder mes objectifs en tête quoiqu'il se passe pour avancer.
Je décide d'avancer.

Dois-je porter plainte ?

Les faits remontent à des années. Claude est mort et Cherif n'est plus en France. Je fais le choix d'avancer dans le présent et de ne plus vivre dans le passé. C'est mon choix.
Je choisis d'avancer !

Dois-je en vouloir à mon père ?

Oui ? Non ? Peut-être ? Ma mémoire étant absente je n'ai pas de faits sur lesquels me baser pour conforter mes choix.
La dépression de mon père et son comportement assujettissant envers moi ont certainement contribué à ce que Claude ou Cherif me prennent en victime.
Cependant, nous n'en sommes pas assurés, cela reste une théorie et ce qui est fait est fait.

Dois-je en vouloir à ma mère ?

Son inaction, son dénis face à ce que j'ai vécu et à sa propre agression, ont également contribué à cette succession d'évènements « fâcheux ». Cependant, remettons les choses dans leur contexte. Qui saurait réagir convenablement dans de telles situations ?

N'oublions pas que mes parents n'ont rien fait volontairement.
Ils sont aussi victimes de cette situation.
C'est ce que je décide de retenir.

Quels sont mes objectifs ?
Je dois tout reprendre à zéro.
Je dois me reconstruire.

Ce n'est plus la peur qui va dicter ma conduite.
Je dois changer mon comportement.
Cette image que j'ai de moi : ce n'est plus mon traumatisme qui va me la dicter (je ne suis pas une merde !), cette image va changer.
Je vais prendre confiance en moi, en mes capacités mentales (je ne suis pas débile) et physiques (je ne suis pas moche).
Je vais maitriser ma peur, ma colère.
Je vais sortir du cercle dans lequel on m'a forcée à entrer et à rester.
Je vais finir par me connaitre MOI.

Je vais enfin connaitre la vraie Christelle.

Dépôt Légal : juin 2021

Printed by Amazon Italia Logistica S.r.l.
Torrazza Piemonte (TO), Italy

23370128R00062